My Stones' Breath

سنگهایم به سخن می‌آیند

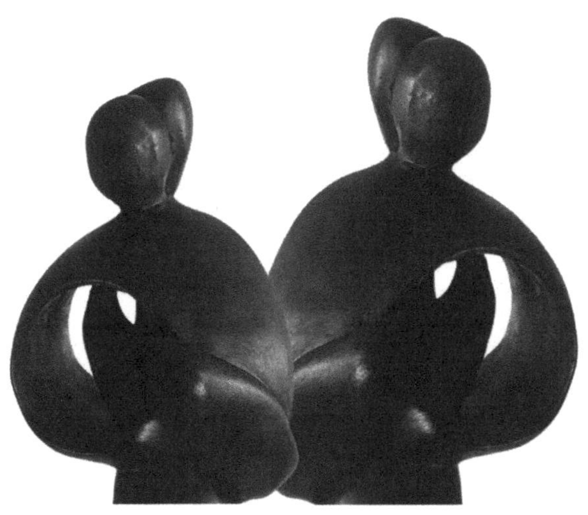

Katayoun Shirzad

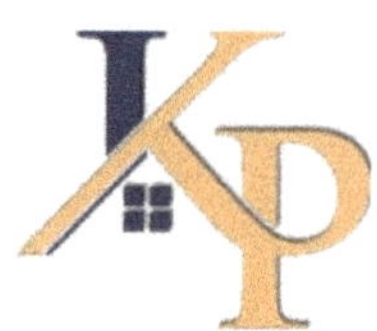

Serial Number: P2426330242
Title: My Stones' Breath
Author: Katayoun Shirzad
Interior: Majid Mahichi
Editor: Parsoua Shirzad
ISBN: 978-1-77892-198-8
Metadata: ART / Sculpture
Book Size: Paperback Cover
Pages: 116
Publish Date: September 2024
Publisher: Kidsocado Publishing House

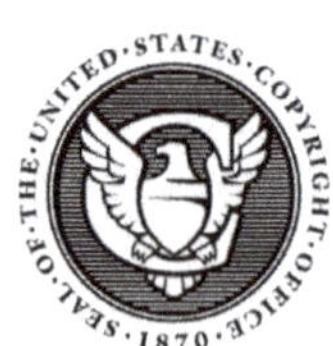

Kidsocado Publishing House
Vancouver, Canada

Phone : +1 (833) 633 8654
WhatsApp: +1 (236) 333 7248
Email: info@kidsocado.com
https://kidsocado.com

This book is dedicated to my beloved children, Parsoua and Puraz, and grandchildren, Aria and Ashar. As well as others with the courage to recover their inner selves through healing and perseverance. You are all heroes as your efforts improve humanity.

Katayoun Shirzad

این کتاب را تقدیم می کنم به فرزندان دلبندم: پارسوا و پورس،نوه هایم آریا و اشعار و همه آنهایی که با جرئت و شهامت برای شفای کودک درون و کاستن از سنگینی های بار میراث شومی که ناخواسته و نادانسته به آنها منتقل شده است، گام بر می دارند. آنها قهرمانان و پیشگامانی هستند که جهت تغییر و تحول اساسی خود، خانواده و جامعه نوین جهانی می کوشند.

کتایون شیرزاد

زبان تصویر، گویای نوعی پردازش مدیریت شده تفکر و اندیشه است، اما من در آفرینش "تندیس" تلاش می‌کنم تا به درک و حس خود از مفاهیم دنیایی که کشف می‌کنم، جان ببخشم.
کارها و آثارم بر مبنای "روانشناسی مثبت گرا" بوده و برای یافتن درس مفاهیم خوشبختی جان گرفته‌اند.

کتایون شیرزاد

کتایون شیرزاد نشان داد که روانشناسی و هنر می‌توانند کنار هم یک پویایی مهرآمیز داشته باشند. تمام آنچیزی که یک روانشناس باید مراقب باشد که زیر پوستش نرود، کتایون در مجسمه‌هایش به نمایش گذاشت.

زویا جباری

مجسمه‌های کتایون شیرزاد همه واقعی‌اند و با زبان بی‌زبانی کتابهای او را نقش‌آفرینی می‌کنند. همه مجسمه‌ها یک روز در زندگی کتایون نقش‌آفرینی کردند و او با هیجانی وصف‌ناپذیر از هر اثرش، قصه‌ها دارد.

شراره سلطانی

در مجسمه‌های کتایون شیرزاد زندگی و مهر می‌بینید. زن، مادر، خواهر و رهایی دلمشغولی دست‌های این هنرمند است که با چرخش معجزه‌آسای خود، بر تن مجسمه‌ها می‌نشیند و اندیشه‌هایش را فریاد می‌زند. سنگ‌هایی که از زبان او سخن می‌گویند.

مجید ماهیچی

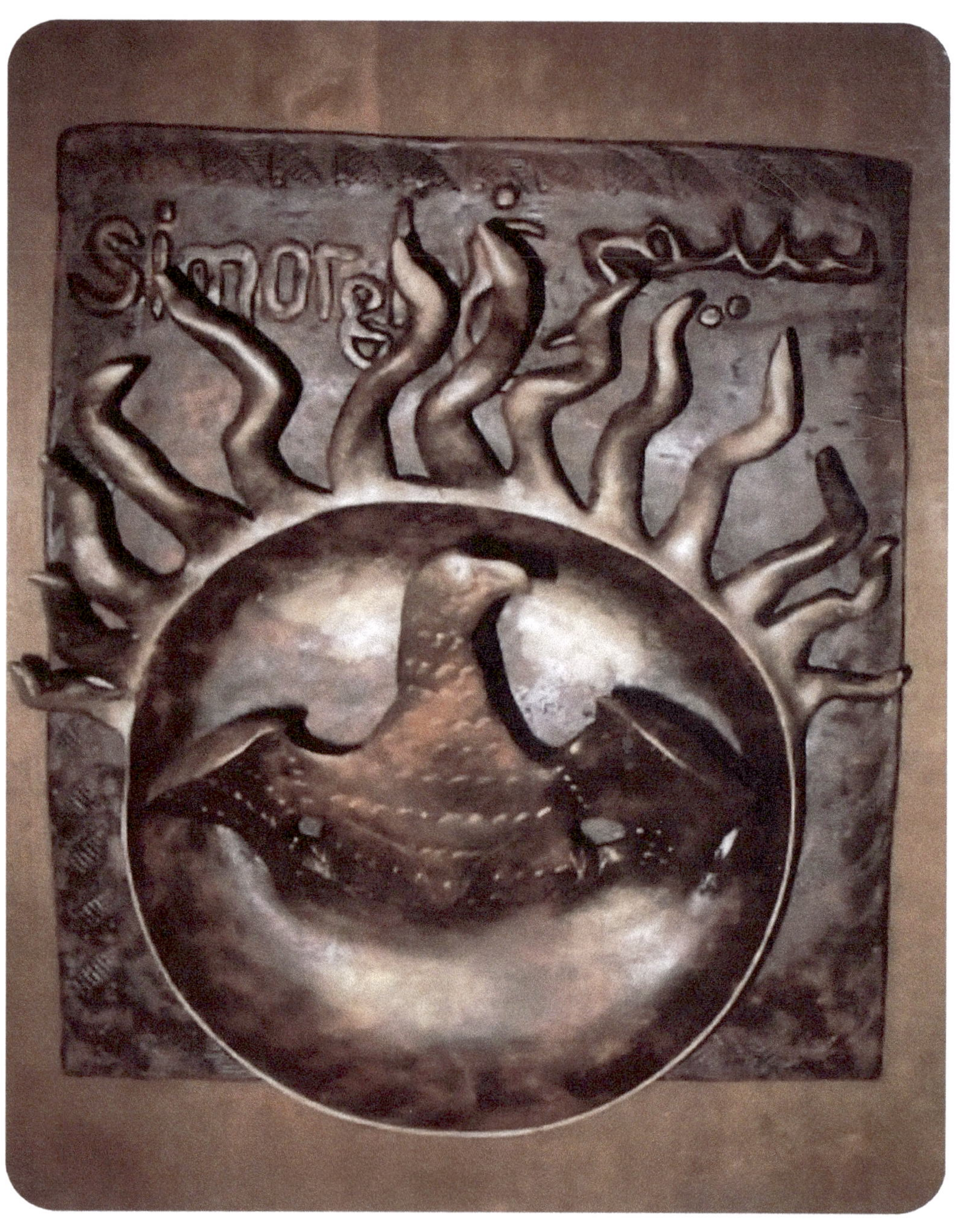

Simorgh (2016)
Katayoun Shirzad

سیمرغ

Captivated by the esoteric poems of Attar Neyshabouri, I created a statue of the Simurgh, which materialized the essence of his written expressions. I called it "Words of the Bird". The Simurgh is a benevolent bird in Persian mythology, an embodiment of wisdom, complete and flawless. It symbolizes wisdom and soaring flight, constructing its nest in the heights of the tree of knowledge and displaying extraordinary manifestations within the realms of mythology, epic literature, philosophy, Persian mysticism, and the world at large. When I moved from a larger house to an apartment, a client purchased the statue from me. Just two days later, he called with news that several of the sun rays protecting the Simurgh had broken. I fell into silence, and after a moment he spoke the phrase "wabi-sabi". This is a Japanese term defined as "meaningful suffering", and the title of a book I had given him several years prior.

A few weeks had passed when I received a message from the same client. It read, "You taught me how to implement wabi-sabi to make the suffering in my life meaningful." Alongside the note, he sent a picture of my sculpture, now reassembled, and bound by gold. The once broken sun rays were protecting the Simurgh again, and the cracks were beautifully highlighted by shimmering, resilient gold. It dawned on me that this repaired sculpture signified events of my own life; rather than allowing its suffering to become a means to an end, the pieces were rebonded, its imperfections were accepted, and its purpose was strengthened.

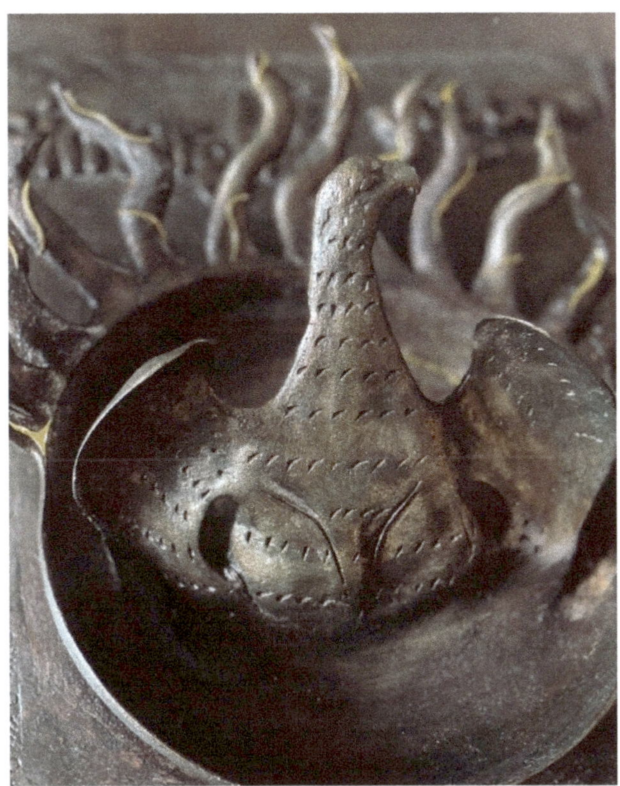

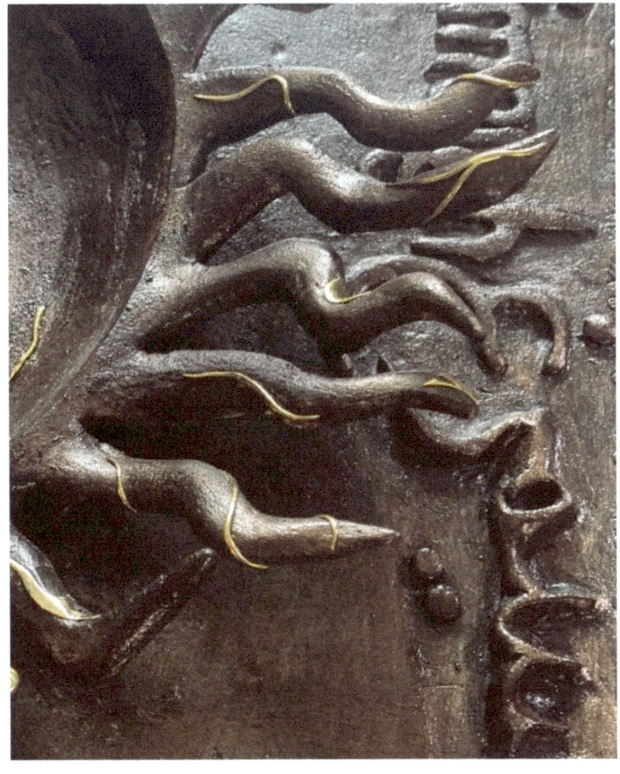

من که مفتون پیام باطنی اشعار عطار نیشابوری هستم، بیست سال پیش بر آن شدم با ساخت تندیسی از سیمرغ به آن تجسم عینی ببخشم و نام آن را "سخن های پرنده گون" نهادم. سیمرغ شگرف اسطوره ای است. مظهر خرد که کامل و بی نقص است. سیمرغ نماد حکمت و بلند پرواز هست و بر بلندای درخت دانایی آشیانه می‌سازد و جلوه‌های دگرگونه و شگفت‌انگیزی در گستره‌ی افسانه، حماسه، فلسفه، عرفان ایرانی و جهان شمول دارد. هنگامی که داشتم از منزل بزرگترم به آپارتمانم نقل مکان می‌کردم دوستی تندیس‌ها را از من خریداری کرد. تنها دو روز پس از آن به من تلفن زد و گفت چند تا از تیغه‌های شعله تابش خورشید که محافظ سیمرغ بود، شکسته شد!! من در سکوتی طولانی فرو رفتم! ایشان یکی از مشتاقان کارهایم که انسانی دانا هست با یک زبانزد ژاپنی پاسخ قابل تأملی به من داد: " Sabi-Wabi". این زبانزد ژاپنی "درد پر معنا" نام کتابی بود که چند سال پیش به ایشان هدیه داده بودم. از ایشان خبری نشد تا آنکه هفته پیش فیلم کوتاهی برایم فرستاد که زیرش نوشته بود، استاد از هنر شما و تکنیکی که به من آموختید استفاده کردم؛ و آن بکارگیری Wabi-Sabi یا "رنج پرمعنا" در زندگی روزمره‌ام بود. آری این که ما ذهن هوشیار خود را در زندگی روزمره خود بکار ببریم و تأثیر گذار باشیم خود "بیداری" است.

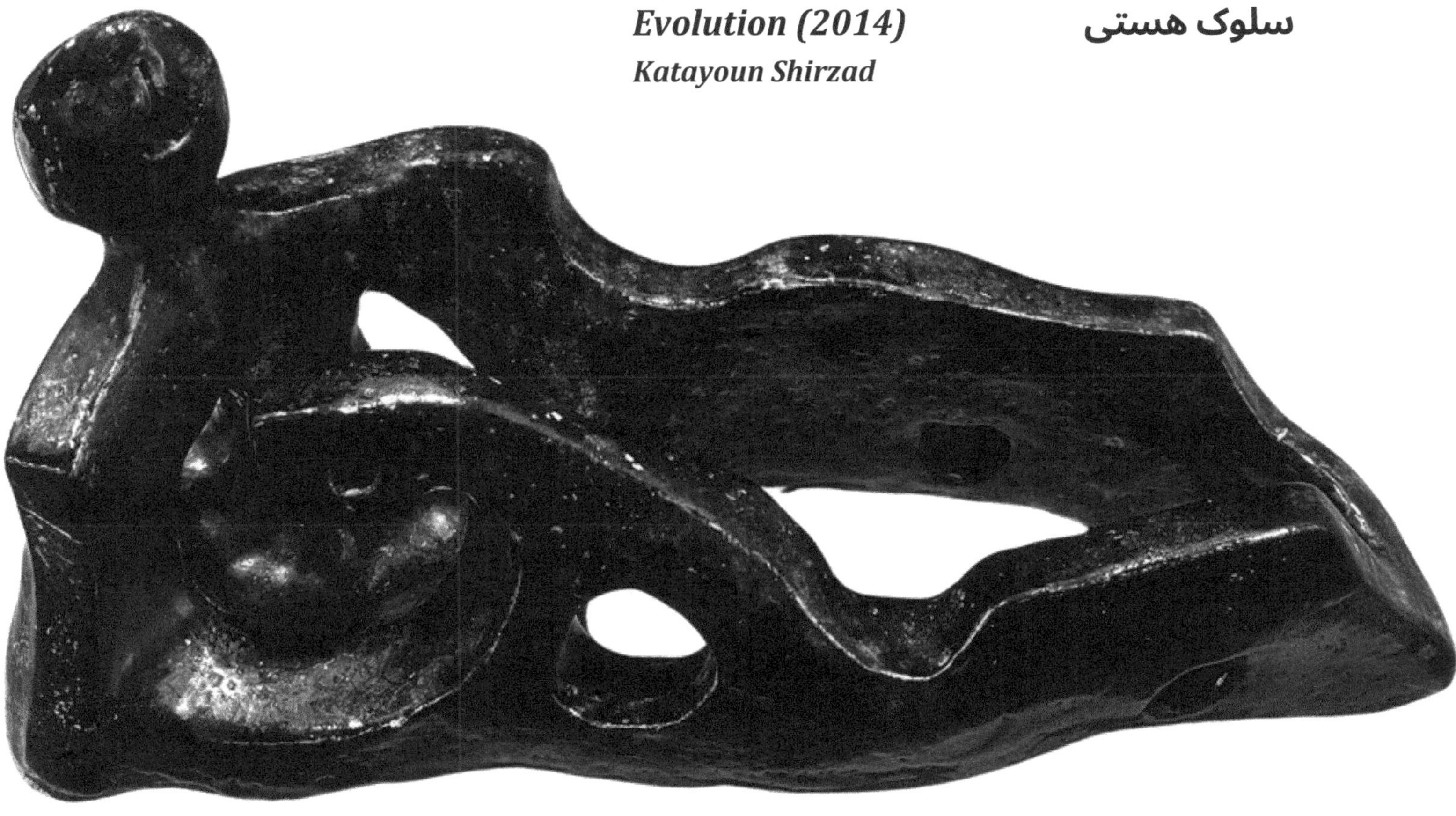

Evolution (2014)
Katayoun Shirzad

سلوک هستی

Inspired by the style of abstractionism and influenced by the art of the English-born artist Henry Moore (1898-1986), "The Journey of Being" is an expression of love and gratitude. Moore famously articulated his appreciation for his mother and loved ones through his sculptures, and similarly, this statute captures the power, capability, and life-long resilience of my mother and beloved.

Were I to gaze upon you
face to face, eye to eye,
I would explain all my pain
point by point, line by line.

I've whirled like the wind
in search of your face,
from lane to lane, gate to gate, house to
house, place to place.

Severed from you
blood tears pour from my eyes, spring
by spring, stream by stream, Tigris by
Tigris, sea by sea.

Your fragrant face and silky hair
surround your slender lips,
You're like a blossom, like a tulip,
like a perfume, like a rose.

Your eyebrows, eyes and elegance
preyed upon the bird of my heart,
with your posture and your pleasantness,
your pose and disposition.

My stricken heart wove your love
on the warp of my soul,
strand by strand, string by string,
stitch by stitch, seam by seam.

Tahirih delved in her heart
and found only you,
page after page, drape after drape,
ply after ply, pleat by pleat.

- Face to Face, Eye to Eye, by Tahareh Qorrat al-Ayn (1852)
translated by Franklin Lewis (1981)

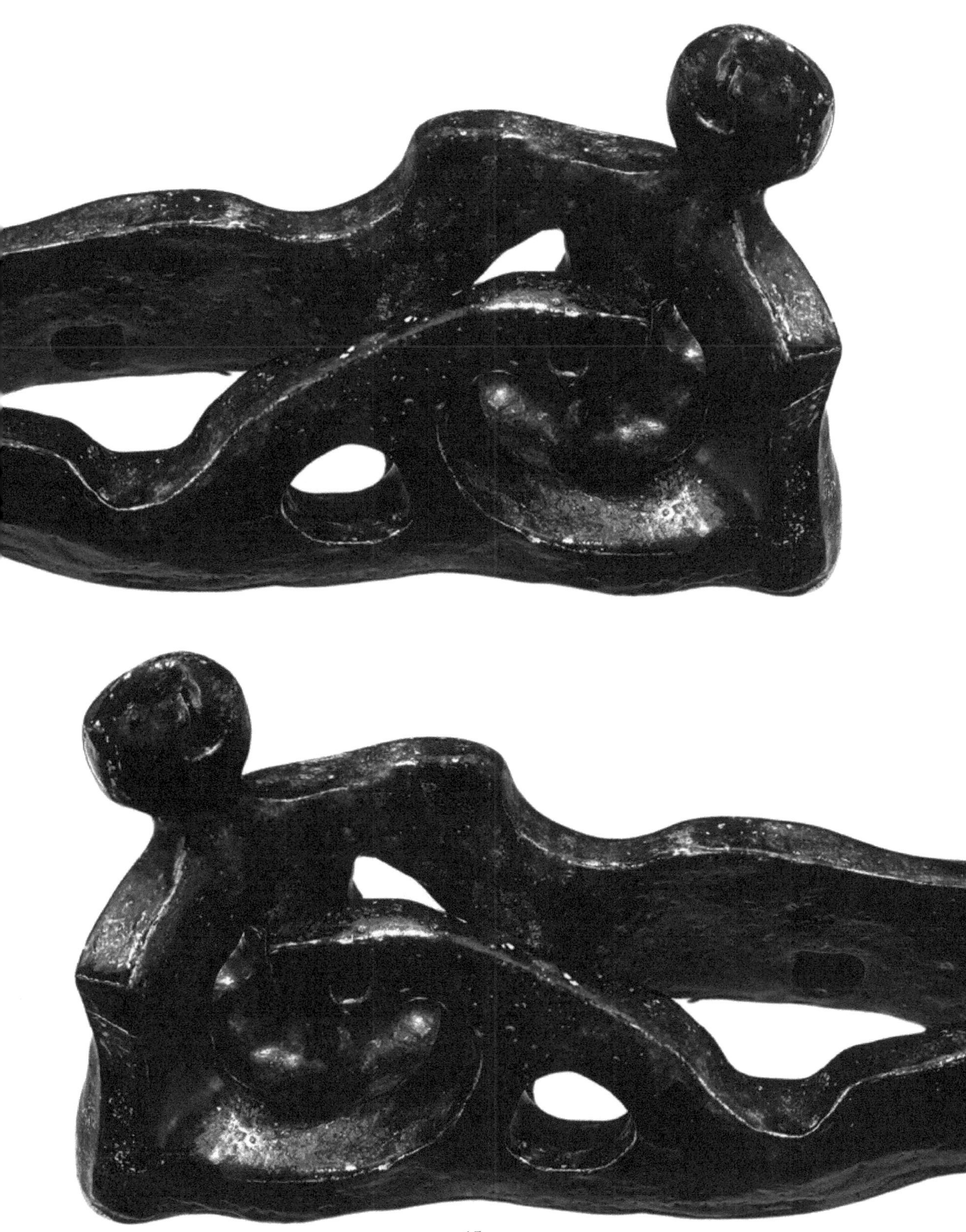

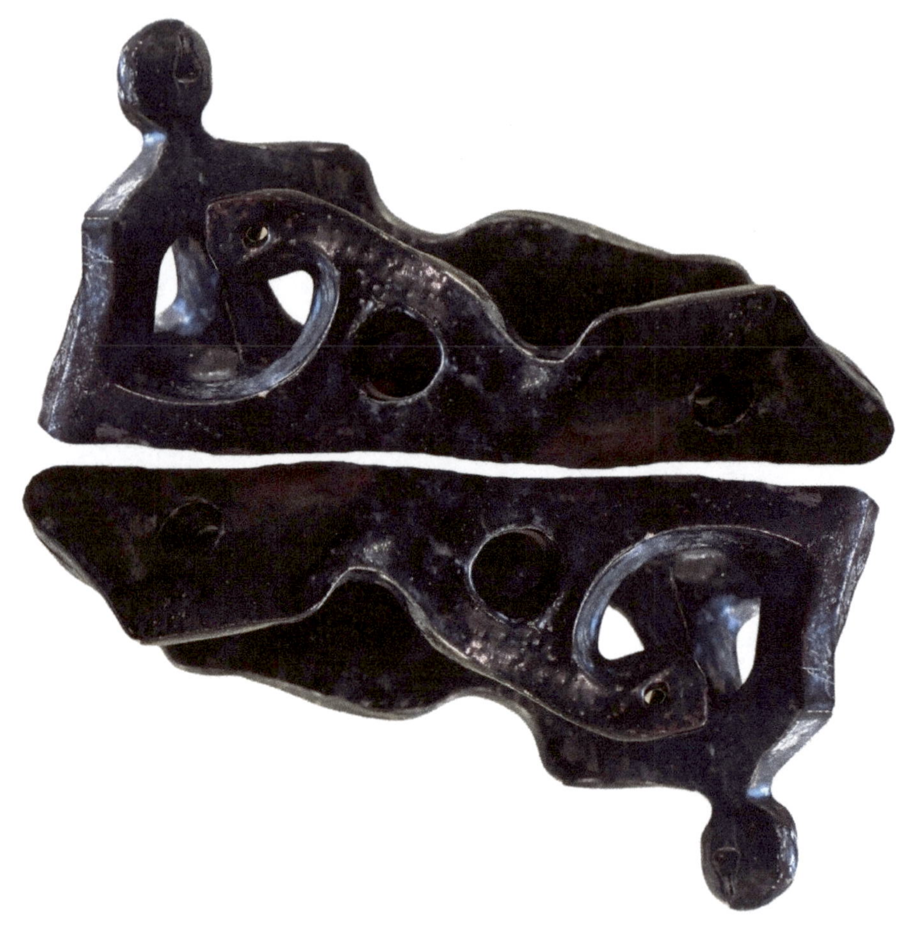

این تندیس که "سلوک هستی" نام دارد، به نوعی اقتباس از سبک هنری انتزاعی آبستره است. من تحت تاثیر هنر هنرمند انگلیسی تبار (Henry Moore "هنری مور") آن را پرداخت نمودم و با بکارگیری این سبک هنری در تندیس سازی ابراز عشق و سپاس به مادر و معشوقه را که آنها را سمبل و نماد قدرت،توانمندی و ادامه هستی می دانم، به تندیس در آوردم و سعی کردم با پیروی از آن مقصود خویش را تجسم نمایم.

بخلق جهان ساقیا ده نوید
که شد شام غم صبح عشرت رسید
به غم دیدگان ده تو جام صفا
به عشاق دل خسته بر زن صلا
که عین ظهور ازل آمده
جمال خدائی هویدا شده
باین مژده گر جان فشانم رواست
از ین مژده خوش وقت رب عالست
چو نور جمال تو آمدعیان
ثمر خواندت از لطف رب بیان
مراد از شجر نیست غیر از ثمر
شجر از ثمر می شود جلوهگر
بیان از تو تکمیل گردیده شد
همه سر پنهان حق دیده شد

"طاهره قرةالعین"

I left my home with a package of clay and a backpack full of books by Sohrab Sepehri and to headed the public library to find more of his works. With these treasures in tow, I began a journey to the heart of the wilderness on Vancouver Island. Among the forests and mountains, I became entangled in the words of Sepehri, a poet who symbolizes harmony between modern literature and ancient mysticism. With astonishing ingenuity and an endless presence in today's realm, he measures the balance between mind and body in the pursuit of life and understanding. I wanted to embody this philosophy in my sculpture, titled "Revolution" through a loving and inspired journey.

Whoever befriends the bird of the air will have the calmest sleep in the world.

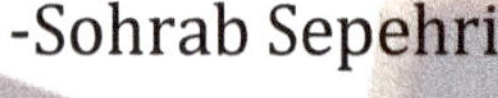

-Sohrab Sepehri

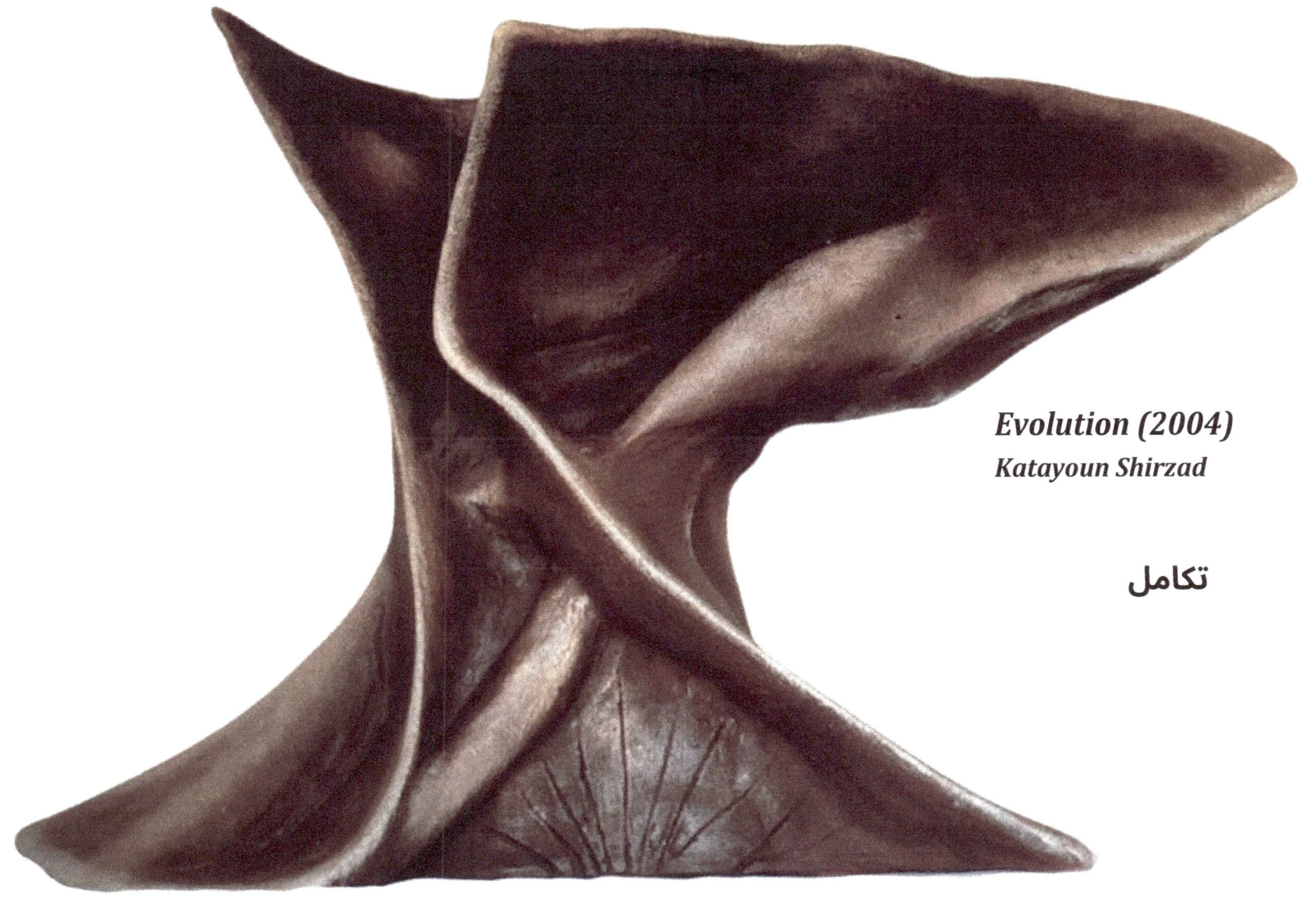

Evolution (2004)
Katayoun Shirzad

تکامل

کیسه ای گِل همراه با کوله باری از کتابهایی که در باره سهراب سپهری در کتابخانه های ونکوور و کتابخانه شخصی ام بود، راهی سفری به دل جنگل و کوه جزیره بزرگ ونکوور شدم. سهراب سپهری سمبل توازن و تعادل بین ادبیات و عرفان کهن است که حضوری بی انتها و زنده در تاقچه اکنون دارد. او با نبوغی شگفت انگیز و مملو از هم نواختی و هماهنگی، توازن بین‌ذهن و تن را در راستای زیستن و بودن بکار می‌گیرد. اینهمه را من در سلوکی عاشقانه خواستم در تندیسم به تجسم در بیاورم.

هر که با مرغ هوا دوست شود
خوابش آرام ترین خواب جهان خواهد بود

"سهراب سپهری"

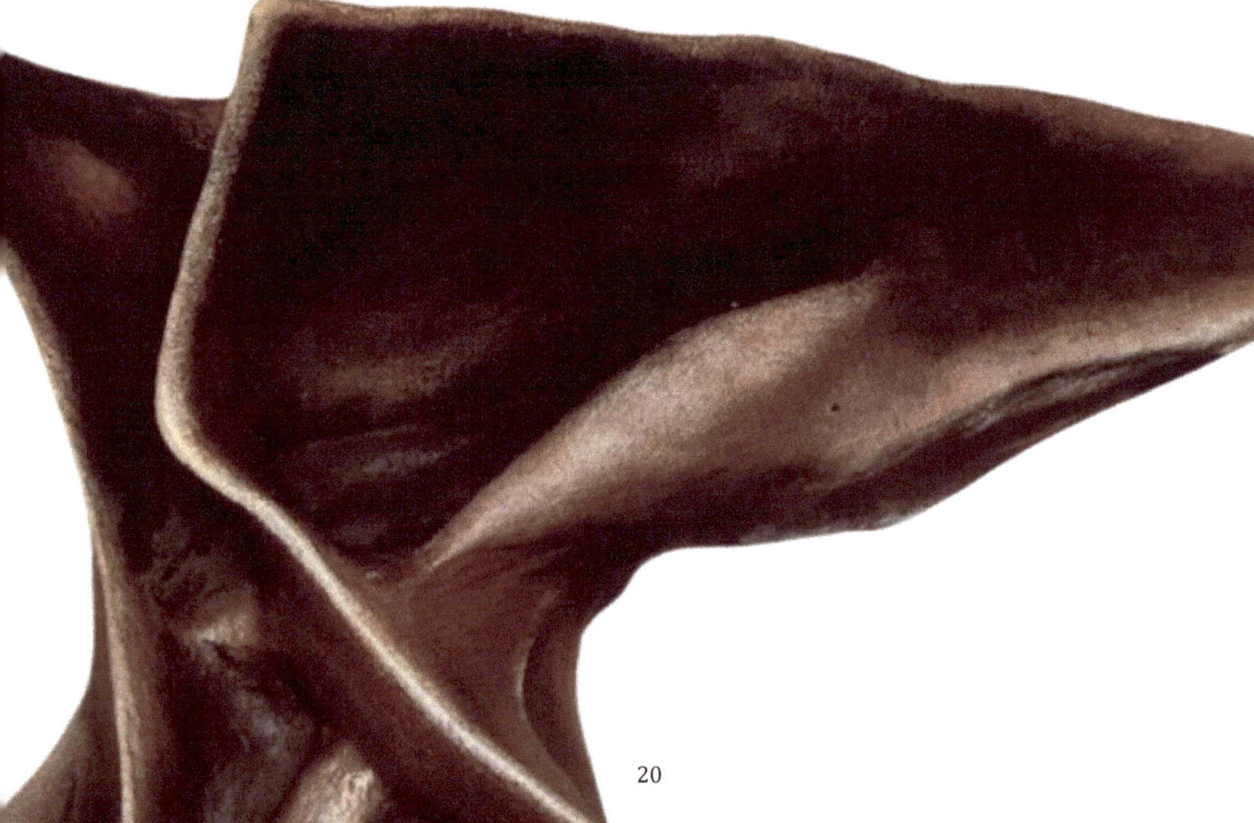

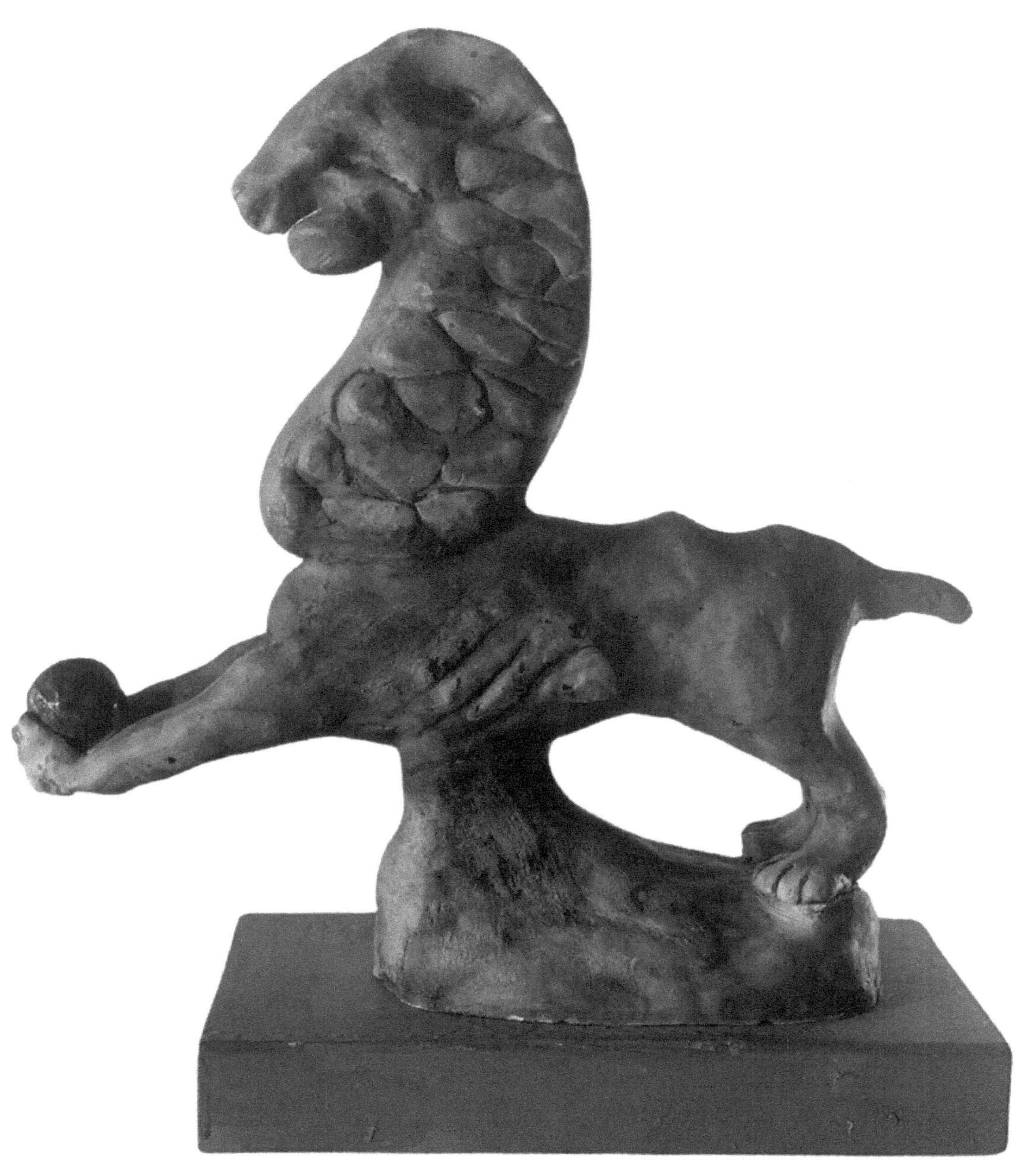

Making of the Mind (2005)
Katayoun Shirzad

ضمیر ناخودآگاه

The subconscious mind is a fascinating repository and archive of experiences, fears, beliefs, and habits. Each piece of our existence finds a home in this hidden realm stored outside of our awareness, and there are automated processes that influence our thoughts, actions, reactions, and behaviors.

The conscious mind, or *"the realm of awareness"*, allows us to react intentionally and rationally to our surroundings. This place of self-awareness enables us to focus, engage, and live purposefully. The subconscious mind, on the other hand, remains outside our awareness until we focus attention on it and intentionally bring it into awareness.

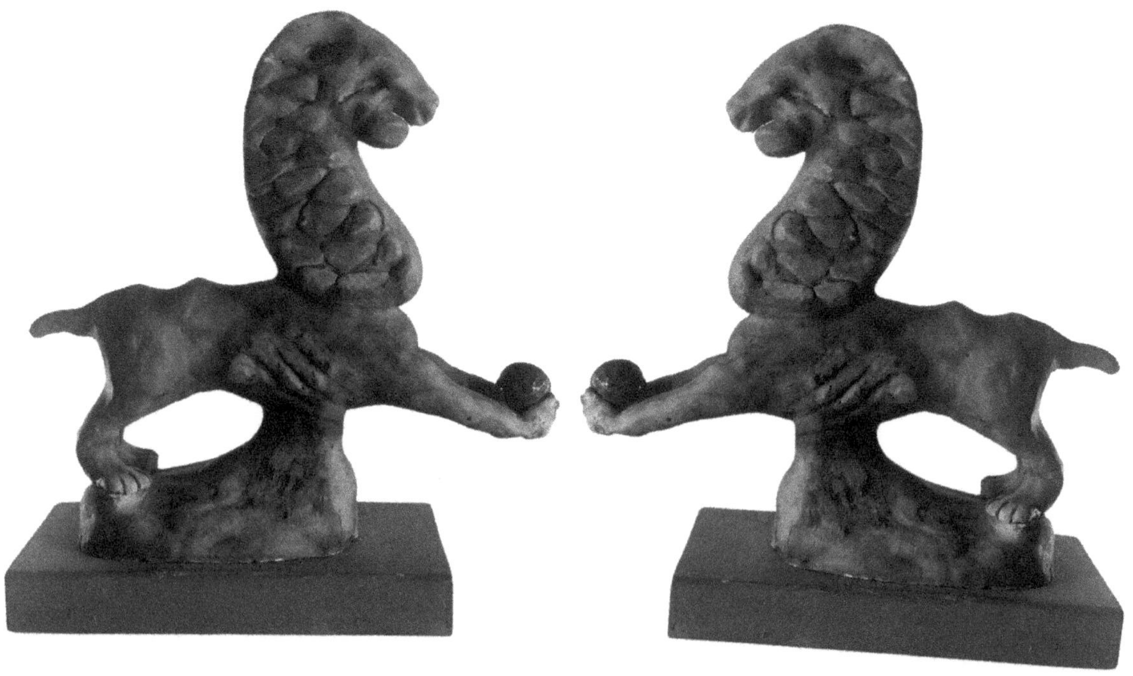

ضمیر یا ناخودآگاه ذهن گنجینه و بایگانی شگفت‌انگیزی از احساسات، افکار، آرزوها و خاطراتی است که در ضمیر خودآگاه فرد قرار می‌گیرد.

روانشناسی ضمیر ناخودآگاه، یکی از مهم‌ترین و پیچیده ترین زمینه های روانشناسی است که پدیده های ناخودآگاه را بررسی می‌نماید. از آنجایی که ناخودآگاه نقش مهمی در شکل‌گیری شخصیت و رفتار انسان دارد می‌بایست با استفاده از علم روانشناسی راهکارهایی برای تربیت و کنترل بیشتر رفتار با بهره‌گیری از این شناخت ایجاد کرد. روانشناسی ناخودآگاه باعث شناخت و فهم عمیق‌تر از خود و افزایش کنترل ناخودآگاه می‌شود.

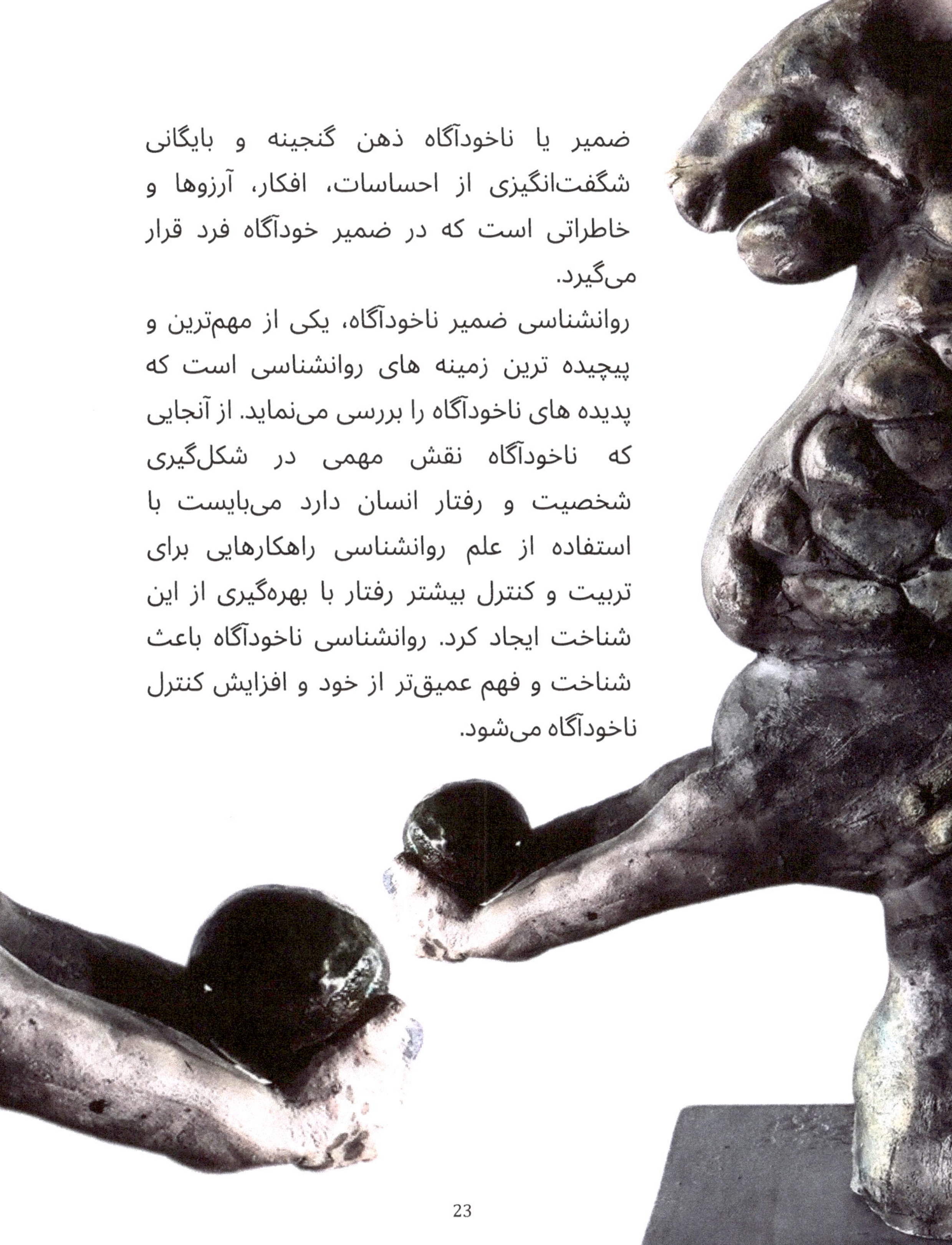

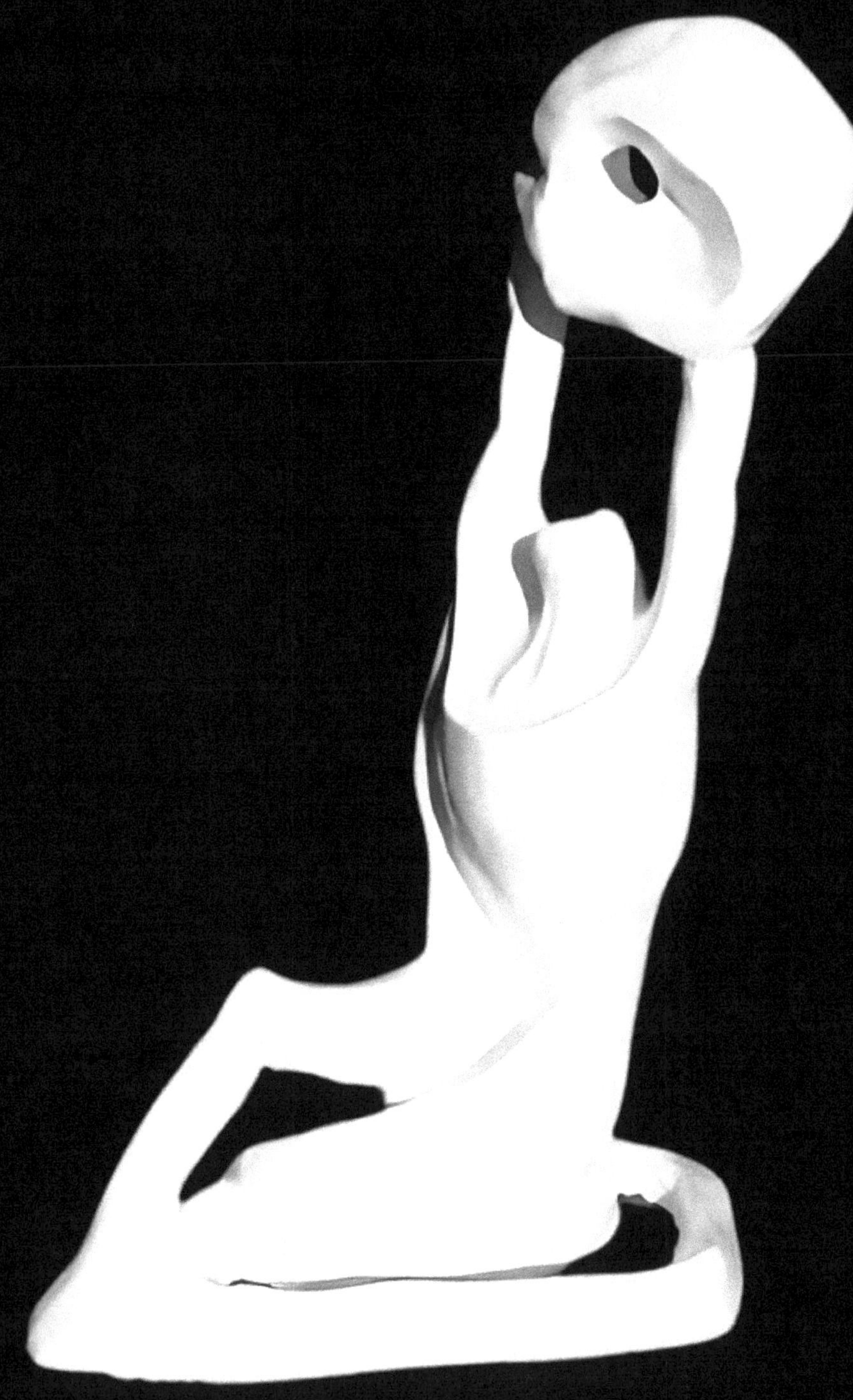

Conscious (2005)
Katayoun Shirzad

هوشیاری

We can bridge these two realms through a moment-to-moment practice, which is done by paying attention to present-moment experiences without evaluating, analyzing, or narrating, but instead remaining curious and fully engaged. This mental training brings together the subconscious and conscious minds, increasing our well-being as a result.

This practice of mindfulness allows our conscious mind to plant seeds that bloom into our subconscious minds, and repetition of it cultivates consistent internal nourishment, giving us more authority and power through circumstances that might otherwise control us. When we consciously accept positive and fulfilling thoughts, like self-love and gratitude, our subconscious minds will align with it. Our conscious agreement with an idea in turn becomes a belief, setting the stage for its manifestation and actualizing it into reality.

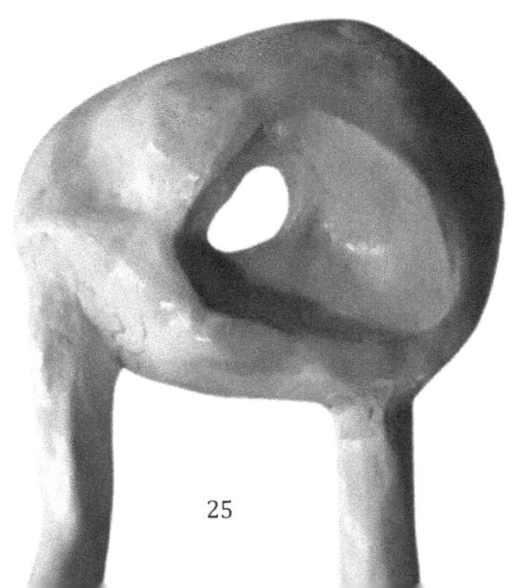

ذهن آگاه یعنی داشتن توجه آگاهانه در لحظه، بدون قضاوت کردن! مسئله هوشیاری محض است! در ذهن آگاه، هوشیاری لحظه به لحظه تا جایی که در توانمان باشد وجود دارد و آگاهی حقیقتی واضح و روشن است."ذهن آگاه" بدون ارزیابی، توضیح یا تفسیر صورت نمی‌پذیرد"ذهن هوشیار" با حضور کاملش می خواهد که همه حقیقت را شکل دهد! در این روند می توانیم با تمرین و تالش همیشگی از پیشروی افکار، احساسات یا اقداماتی که ما را به بیراهه می کشاند، فاصله بگیریم و ذهن را تربیت کنیم!وقتی در وضعیت"ذهن آگاه" باشیم، می خواهیم که کامل،متعهد، مراقب، بیدار و هوشیار باشیم! و دیگر ذهنمان به سمت نوشخوار عاطفی گذشته منحرف نشود. به عنوان کسی که زمان درازی تمرینات ذهن آگاهی را انجام داده معتقدم که وقتی روی هوشیاری لحظه به لحظه تمرکز کنیم پیشرفت می‌کنیم و در طول زمان از آن بهره می‌بریم .

و حرف آخر آنکه:"ذهن آگاه" همان حضور در لحظه برای زندگی پربار است.

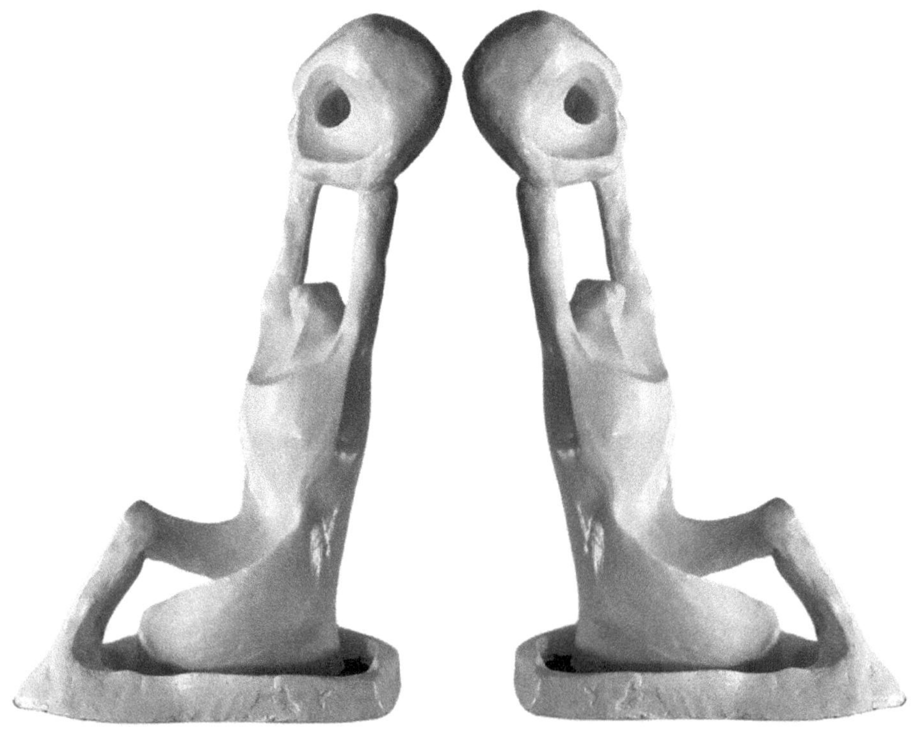

Katayoun Shirzad

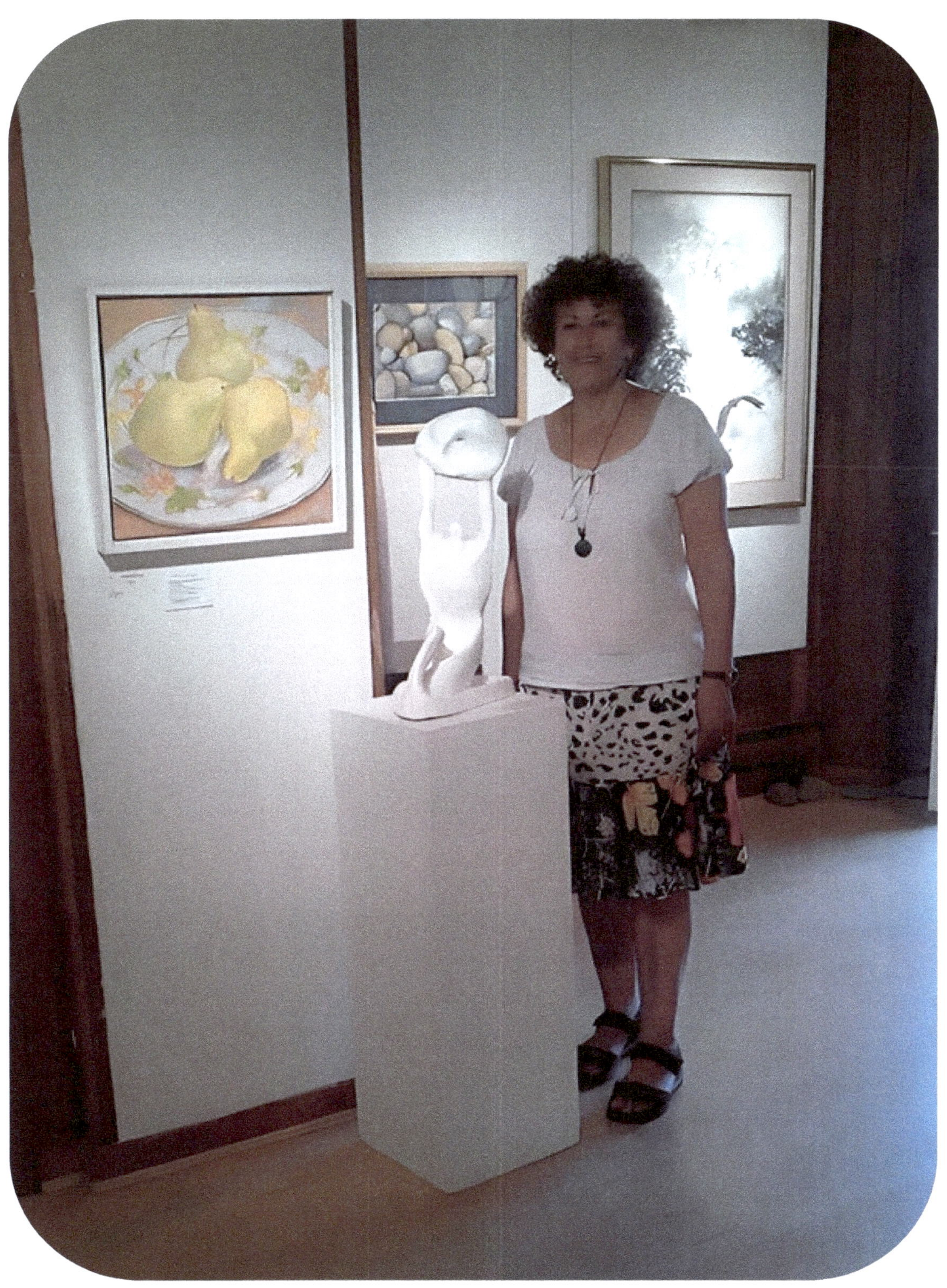

Harmony of Arts Festival
West Vancouver, 2016

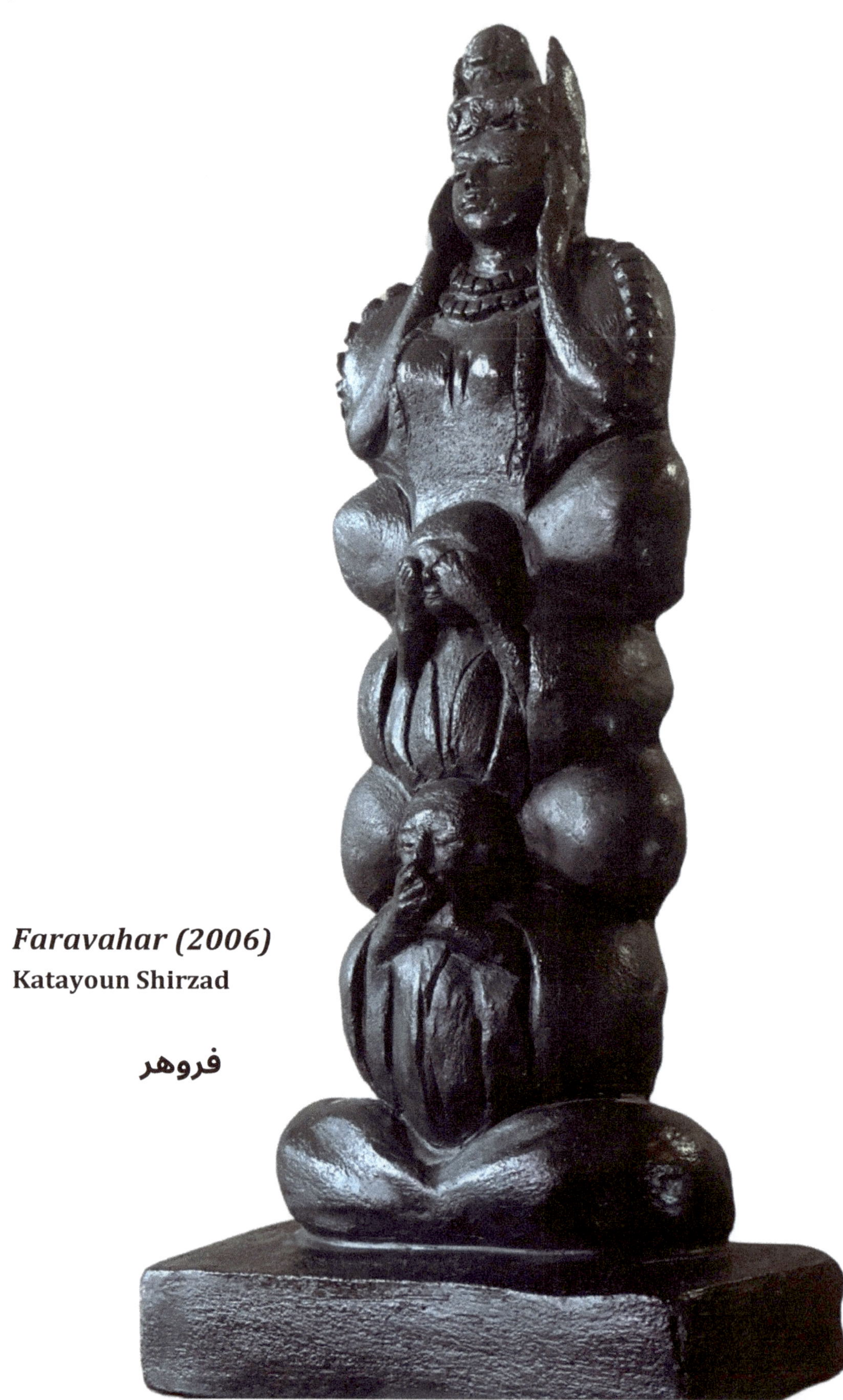

Faravahar (2006)
Katayoun Shirzad

فروهر

After months away, my daughter returned from her travels in Asia with an acacia wood carving of three monkeys. One monkey covered its eyes, one covered its ears, and one covered its mouth. The Confucian maxim dating back to the 8th century "see no evil, hear no evil, speak no evil" provoked me to ponder and reflect. I related it to another noble and ancient idea of *Zarathrusta*, who around 1200 BC taught his followers "good thoughts, good words, good deeds". In the West, another well-known proverb advises humans to "turn a blind eye". In all these concepts, ethics and wellbeing are based on avoiding harm.

Attracted to this noble and idealistic idea, and to the prominence of this notion in ancient Persia, I created a sculpture symbolising the characteristics of a balanced person who embodies noble thoughts, noble speech, and noble actions.

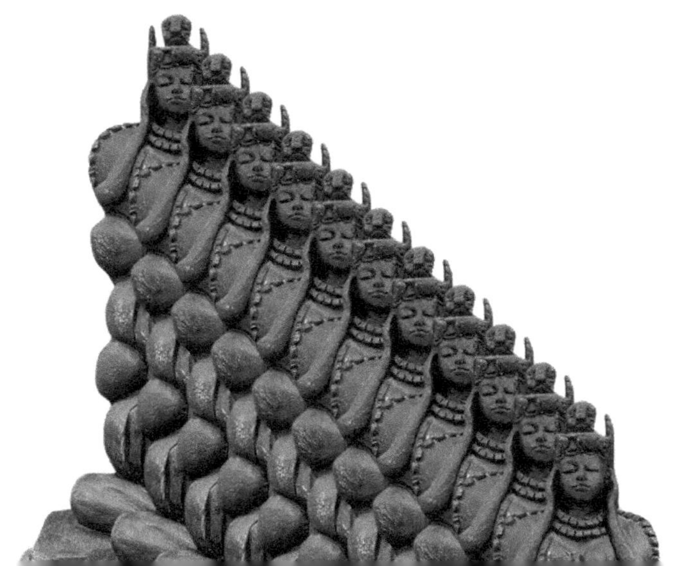

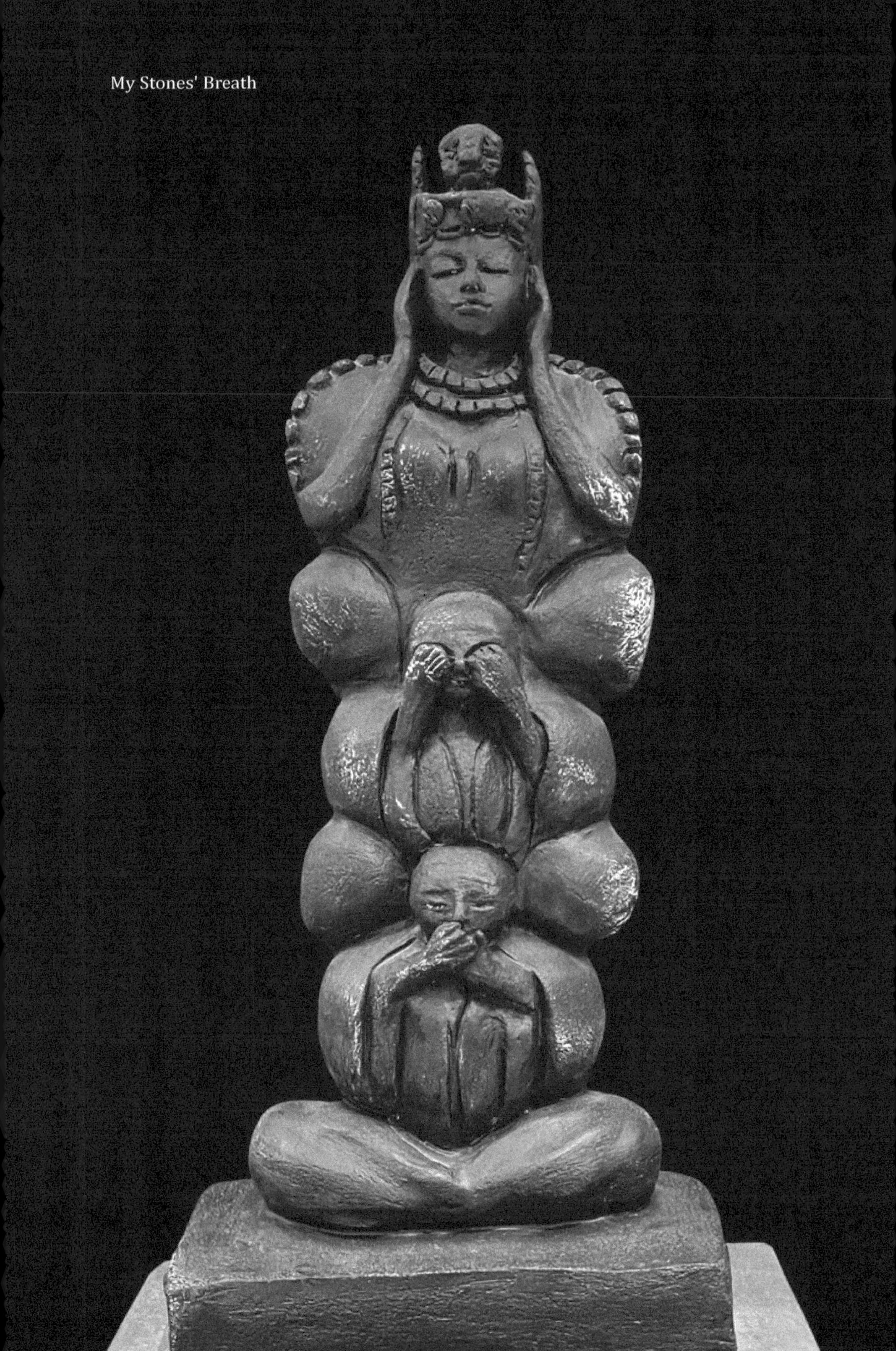
My Stones' Breath

دخترم از کامبوج سه میمون کوچک کار ژاپن چوبی برایم آورد که این اندرز را گوشزد می کنند:"به سخن زشت گوش نده! به پدیده بد نگاه نکن! از گفتار بد پرهیز کن!" این مجسمه های کوچک مرا به اندیشه و تعمق وا داشت و من با جذابیت nik e-andiš, معنای ویژه آنها و تلفیق آن با ایده های اصیل و آرمانگرای خودمان یعنی اندیشه نیک، گفتار نیک، کردار نیک ایران باستان، تندیسی آفریدم و آن را سمبل و الگوی ویژگی های یک انسان متعادل و دارای ثبات nik e-kerdâr, nik e-goftâr رفتاری می دانم. انگلیسی زبانها نیز زبانزدی دارند که به مردم توصیه می کند تا چشمانشان را بر هر امر بدی ببندند .

در همه این مفاهیم، اخلاق و سلامت روان بر پایه دوری از شر تعریف می شود.

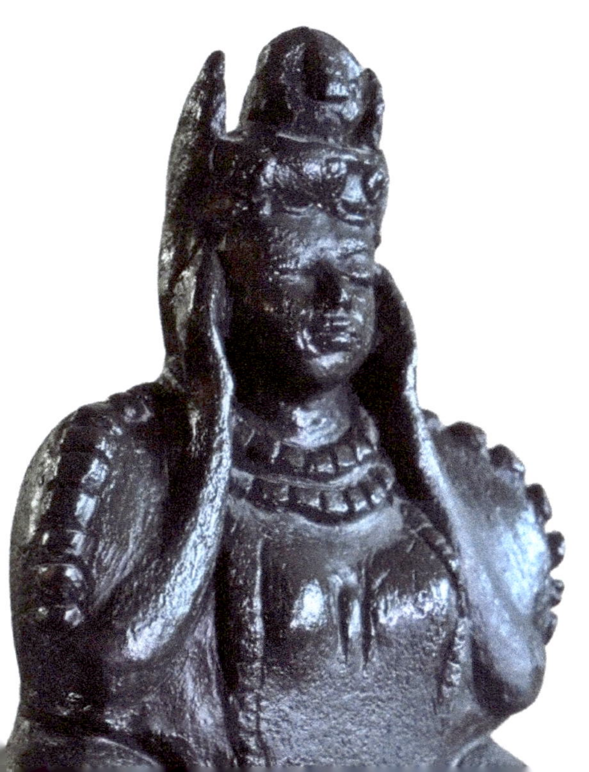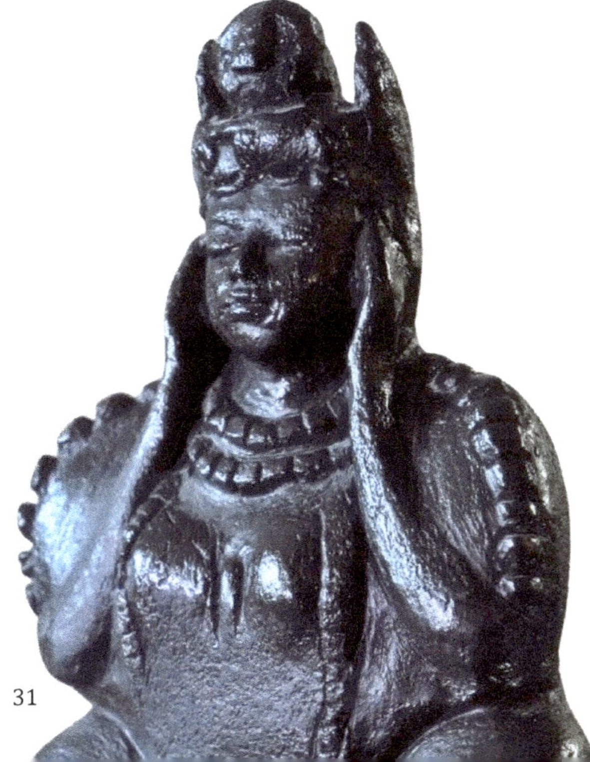

This statue represents a dance of transcendence, beyond earthly bounds, symbolizing grace and unity. It is a dance of naked existence, wherein the dancer, with harmonious verses in their heart, paves the way for the sincere lover.
This dance is an invitation, an effort, and a gesture from the beloved towards the lover.

The dancer says, "See, I bring the fireflies to dance, as the splendor of my companion is in sight!" I say, "Dance in a way that life will weave harmony with you!" Ultimately, when you enter the dance, your sorrow is cast aside, and the joy and happiness embrace you and your existence.

فرشته

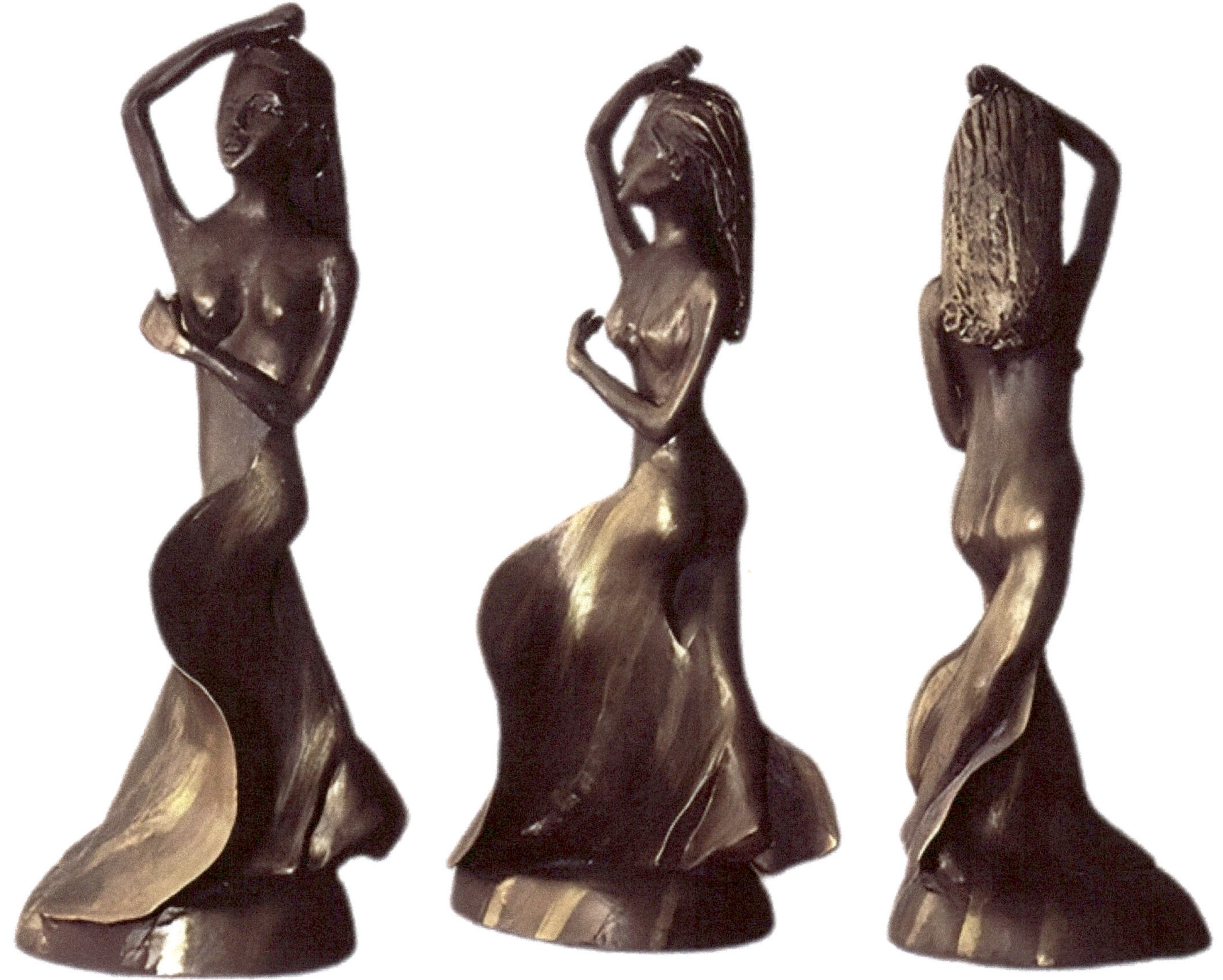

Forever an angel (2007)
Katayoun Shirzad

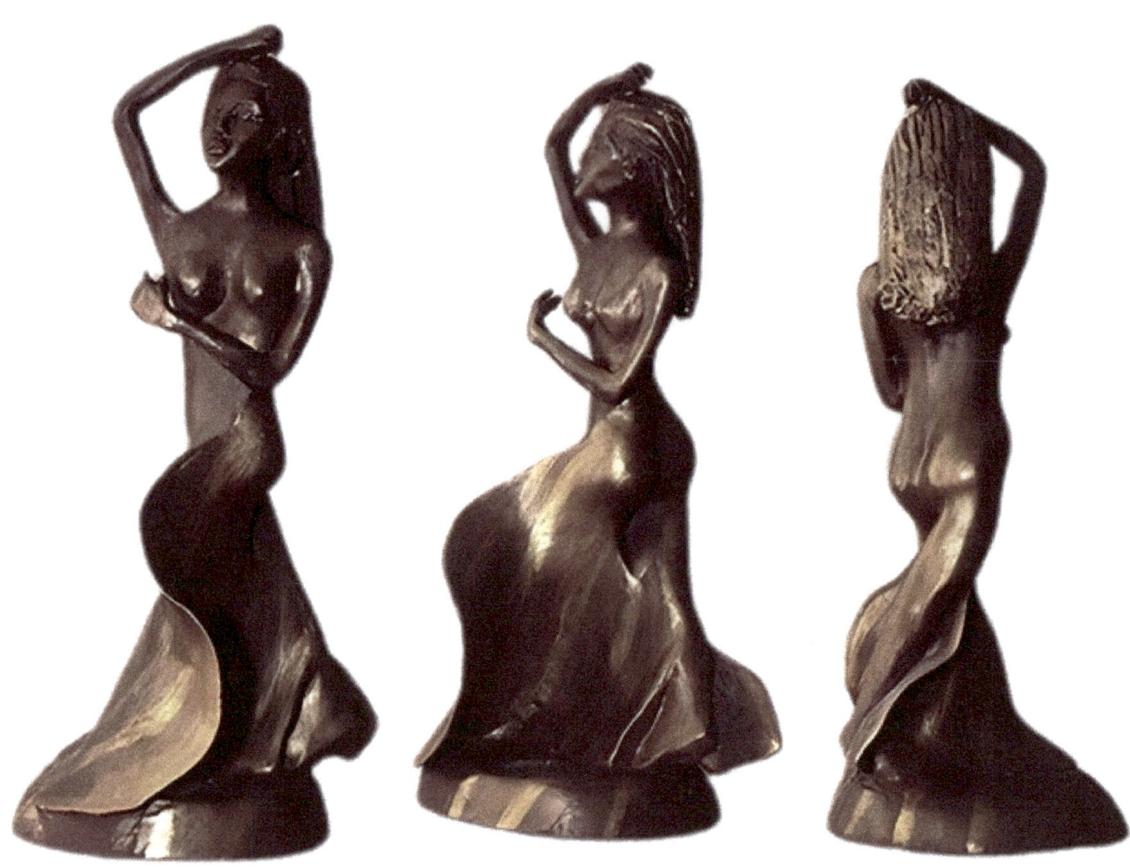

رقص حس ماورایی، فرا زمینی و نماد کمال گرایی و یکپارچگی است !

رقص هستی عریانی است که رقصنده با آفرینش آیه هایی موزون در دلها، راه را بر عاشق صادق هموار می سازد .

رقص دعوت، کوشش و اشارتی است از معشوق به سوی عاشق .

رقصنده می گوید ببین من قاصدک ها را به رقص در می آورم همانا که جلوه یارم در نظر است !

می گویم،"جوری برقص تا زندگی سازش را با تو کوک کند!" در نهایت به رقص که در آیی، غمت رخت بر می بندد و خوشی و شادی تو را و هستی تو را در بر می گیرد.

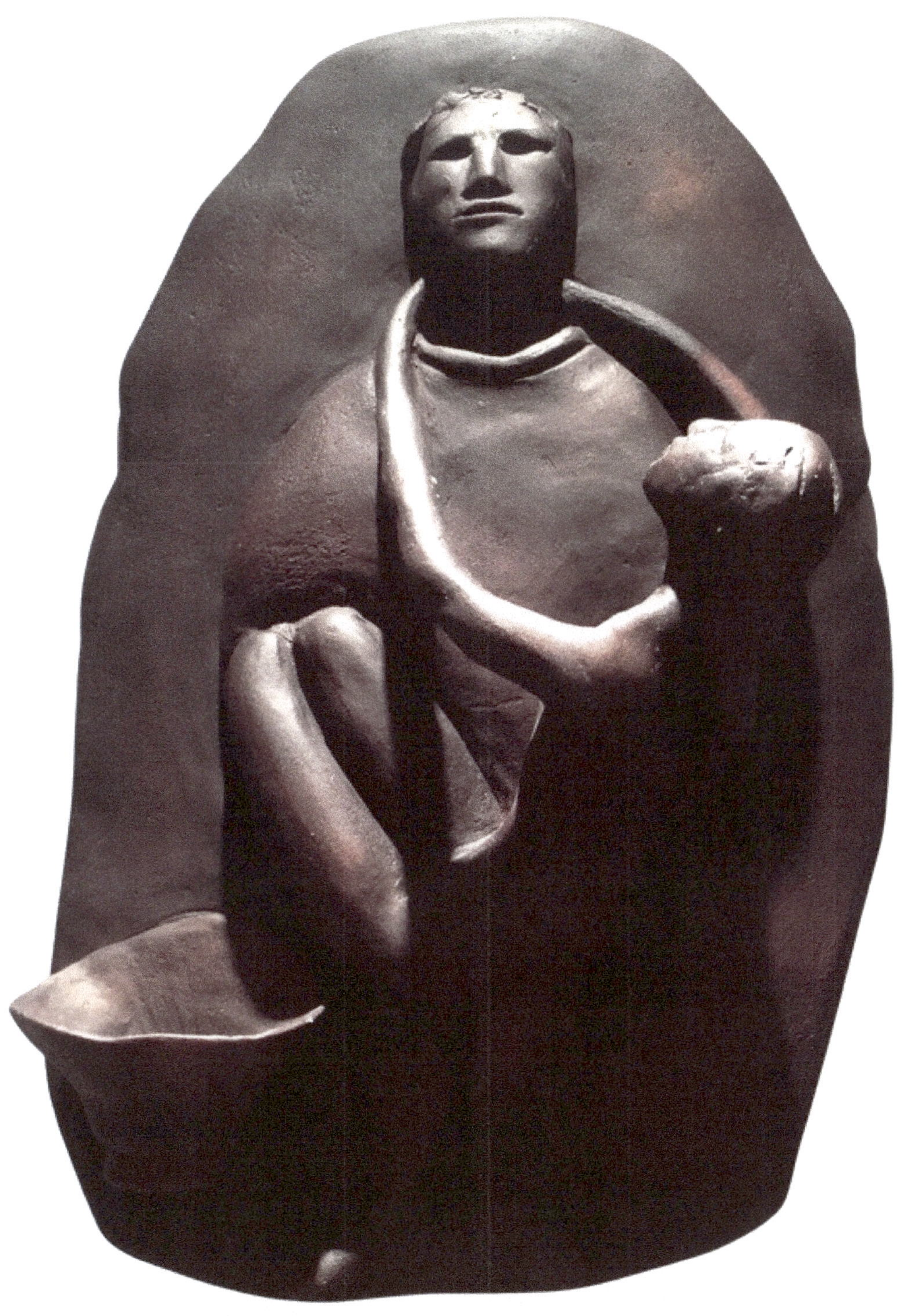

Lover's Pot (2008)
Katayoun Shirzad

كوزه عاشق

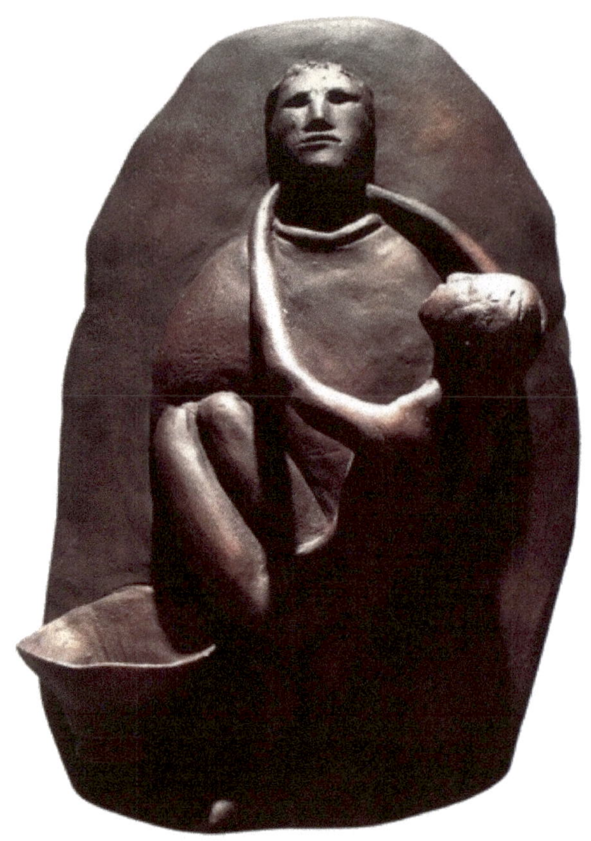

This vessel that you see, has been once badly in love, like me! It may well be made from a lover's buried corpse!And this handle that you see on its neck, has been once a lover's hand on his beloved shoulder!

-Omar Khayyam

این کوزه چو من عاشق زاری بوده است
در بند سر زلف نگاری بوده ست
این دسته که بر گردن او می‌بینی
دستی ست که برگردن یاری بوده ست

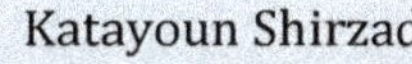
Katayoun Shirzad

The bird (1999) پرنده

Katayoun Shirzad

Remember the flight, for the bird is mortal.
-Forugh Farrokhzad

پرواز را به خاطر بسپار ، پرنده مُردنی‌ست
فروغ فرخزاد

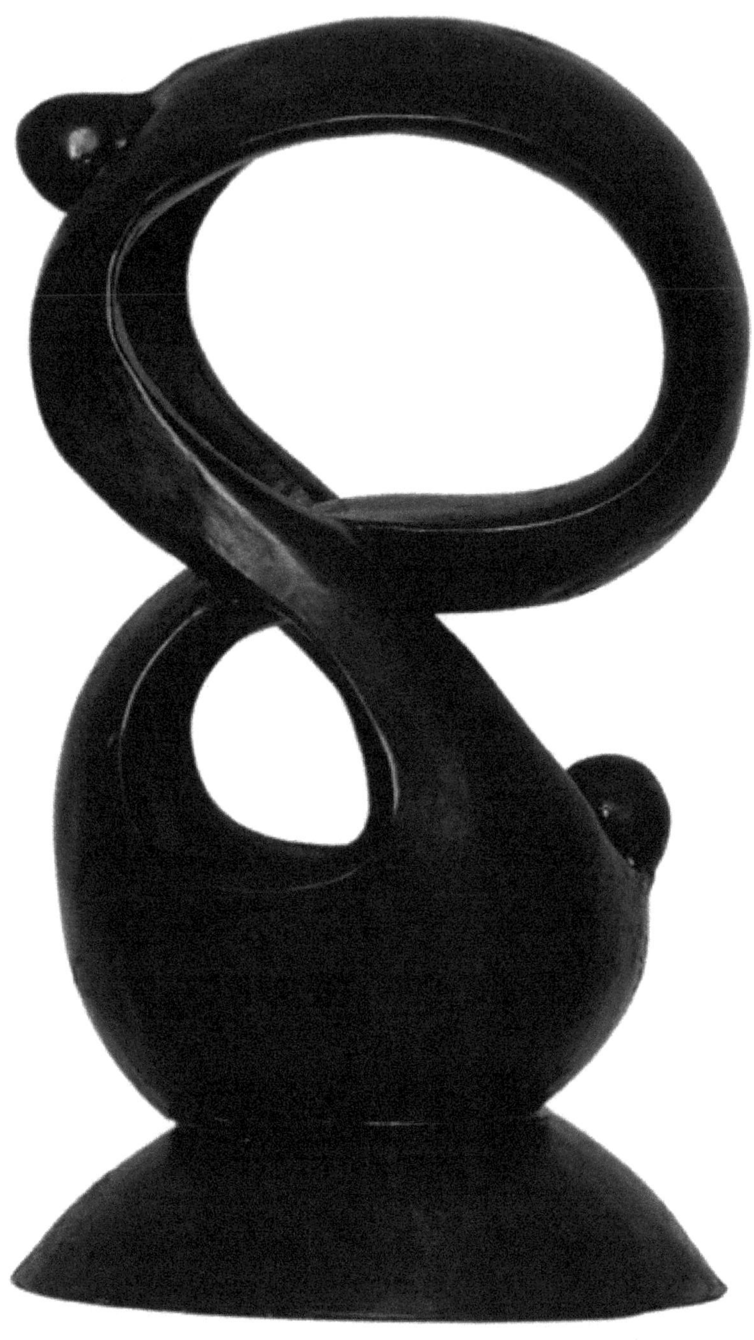

Oneness (2003)
Katayoun Shirzad

یگانگی

To experience the infinite universe, to reach the pinnacle of wisdom, it just takes one. One person, going within to explore our limitless existence, focusing lovingly on the cosmos and the boundless energy of all that was, is, and will be.

یگانگی یا یکی شدن و اثر آن پس از زندگی. آدمی می تواند با تمرکز عاشقانه بر کائنات و انرژی بی پایان هستی، خویشتن خویش را در جهان لایتناهی، در نهایت هوشمندی تجربه کند.

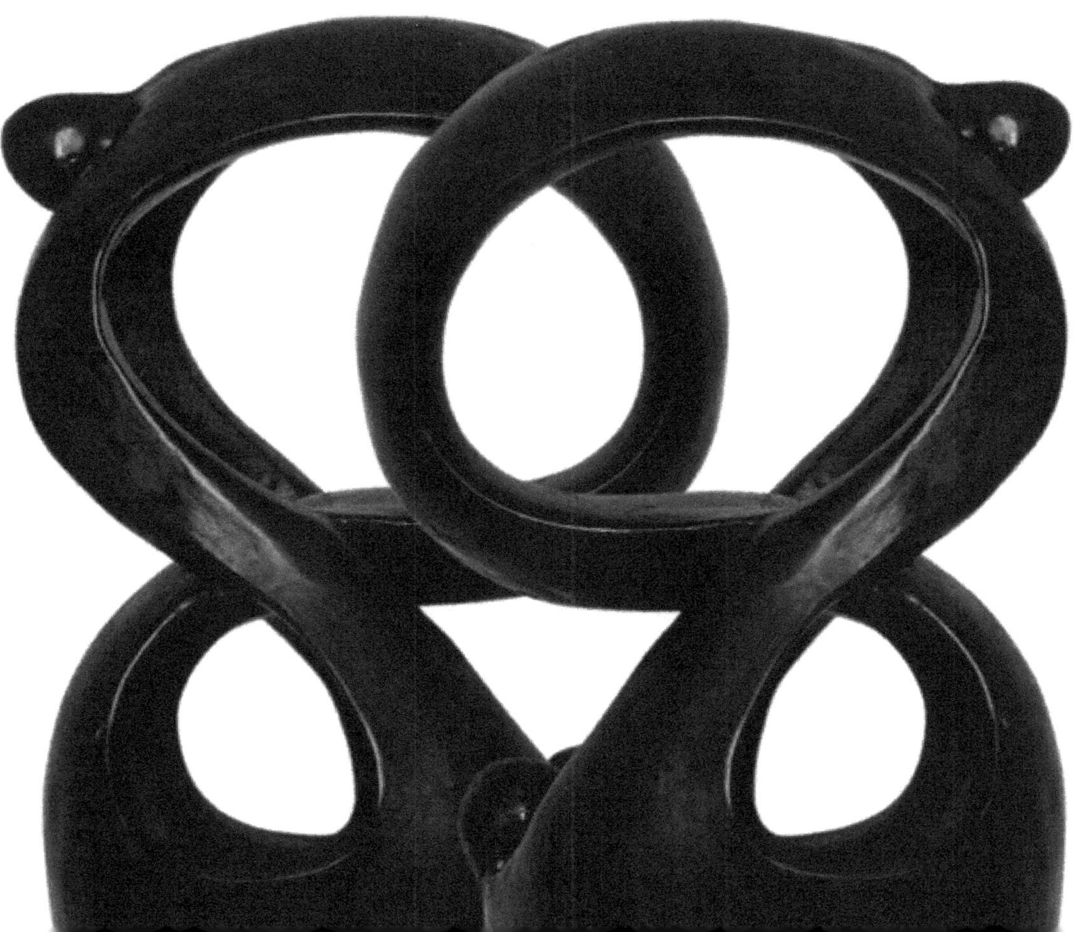

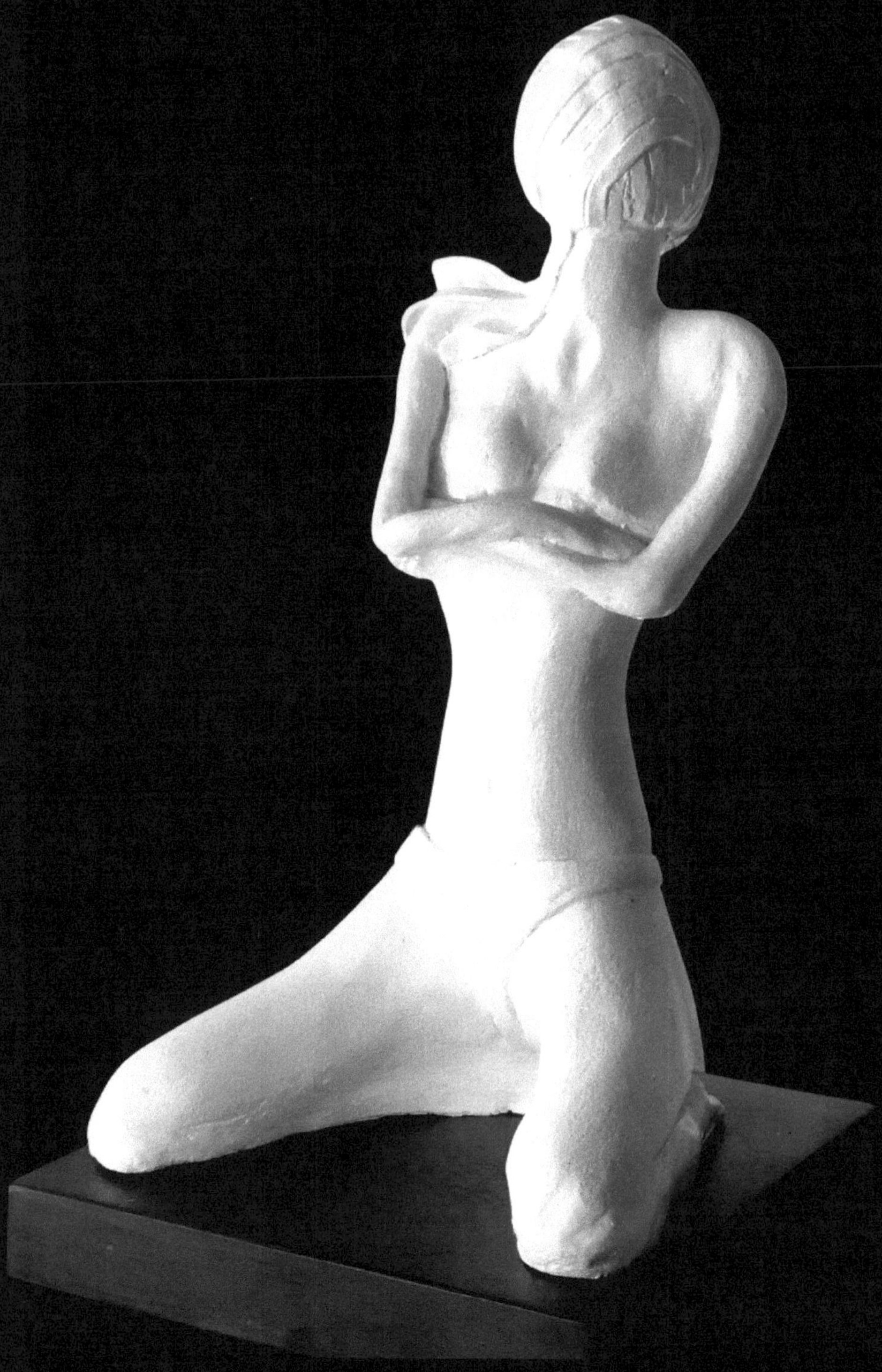

Women. Life. Freedom. (2002)   زن. زندگی. آزادی.
Katayoun Shirzad

In her teenage years, my daughter made a sketch which inspired this sculpture. The drawing was of a Persian woman, but her beauty was hidden; she was constrained, silenced and breathless behind a veil. This reflected the reality of a woman living under a corrupted theocracy, but behind the veil I could feel the true strength of the daughters, sisters, and matriarchs of Iran.

The "Woman, Life, Freedom" movement has shown us these same women, who, despite their constraints, are playing a leading role in mobilizing global awareness and support for their emancipation. By taking risks, standing strong and proud, determined, and united, they are charging the battlefield with unparalleled magnificence. Today we are finally seeing daughters of Persia discovering their own power again, and sketching drawings of women with flowing hair.

دخترم که در سال ۲۰۰۲ وقتی کلاس نهم بود، یک نقاشی کشید که منبع الهام من برای خلق این اثر شد، او در نقاشی اش همه زیبایی های زن ایرانی را در پشت نقابی پنهان کرده بود. امروز که من شاهد انقلاب زنان در جنبش عظیم "زن، زندگی، آزادی" هستم، می بینم که زنان دربند ایران با برخورداری از حس خودشناسی و واقف بودن به داشتن نقش پیشرو در توسعه پایدار و با پیروی از سبک فکری مخصوص خویش قادر شدند با پروراندن خصایل قابل تقدیری در خود و اطرافیان خود، همچون قدرت ریسک کردن، آزادی در انتخاب، عشق به رشد شخصیت فردی و توان سخن گفتن از خویشتن خویش، دوست داشتن و دوست داشته شدن، خود را در میدان رزمی سخت، با شکوه بی‌نظیری شکوفا کنند.

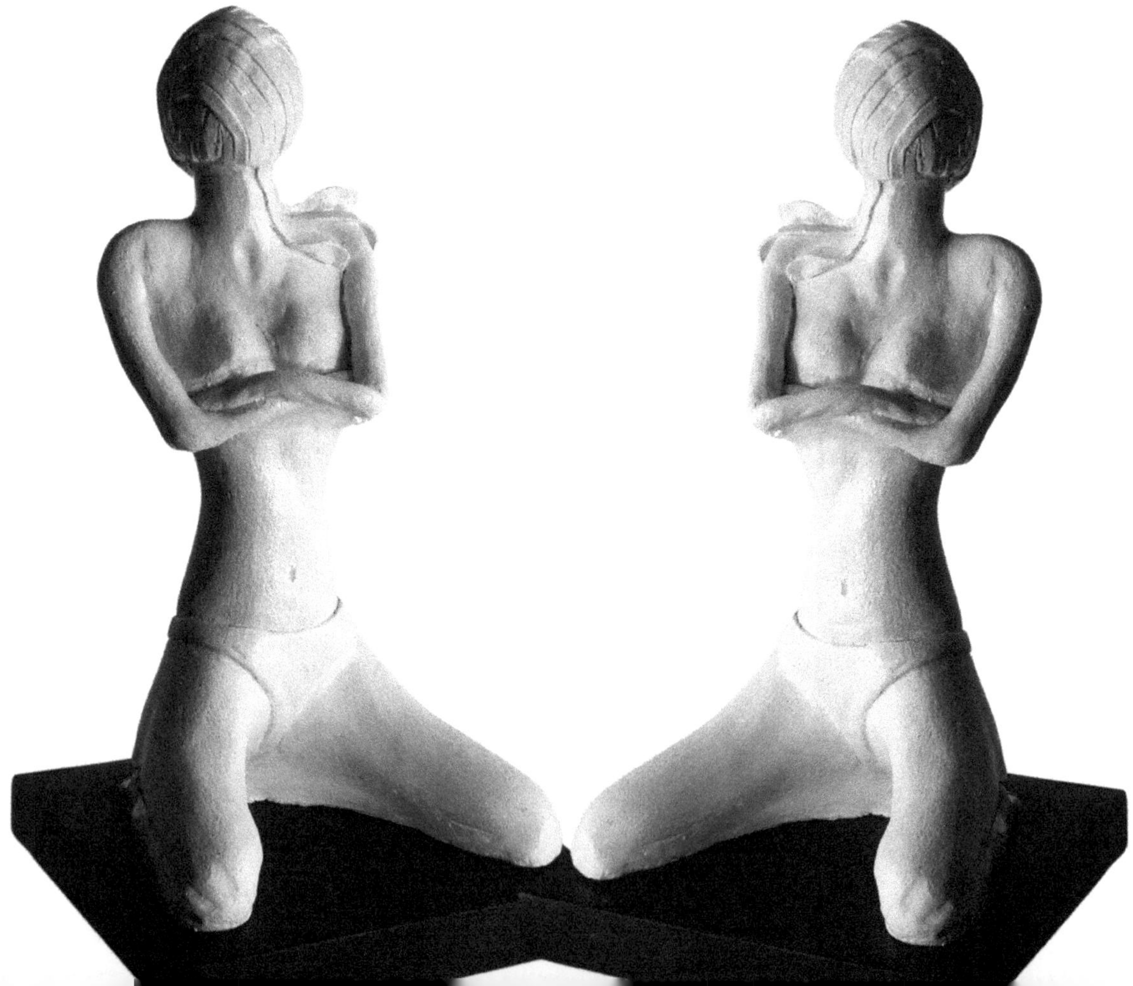

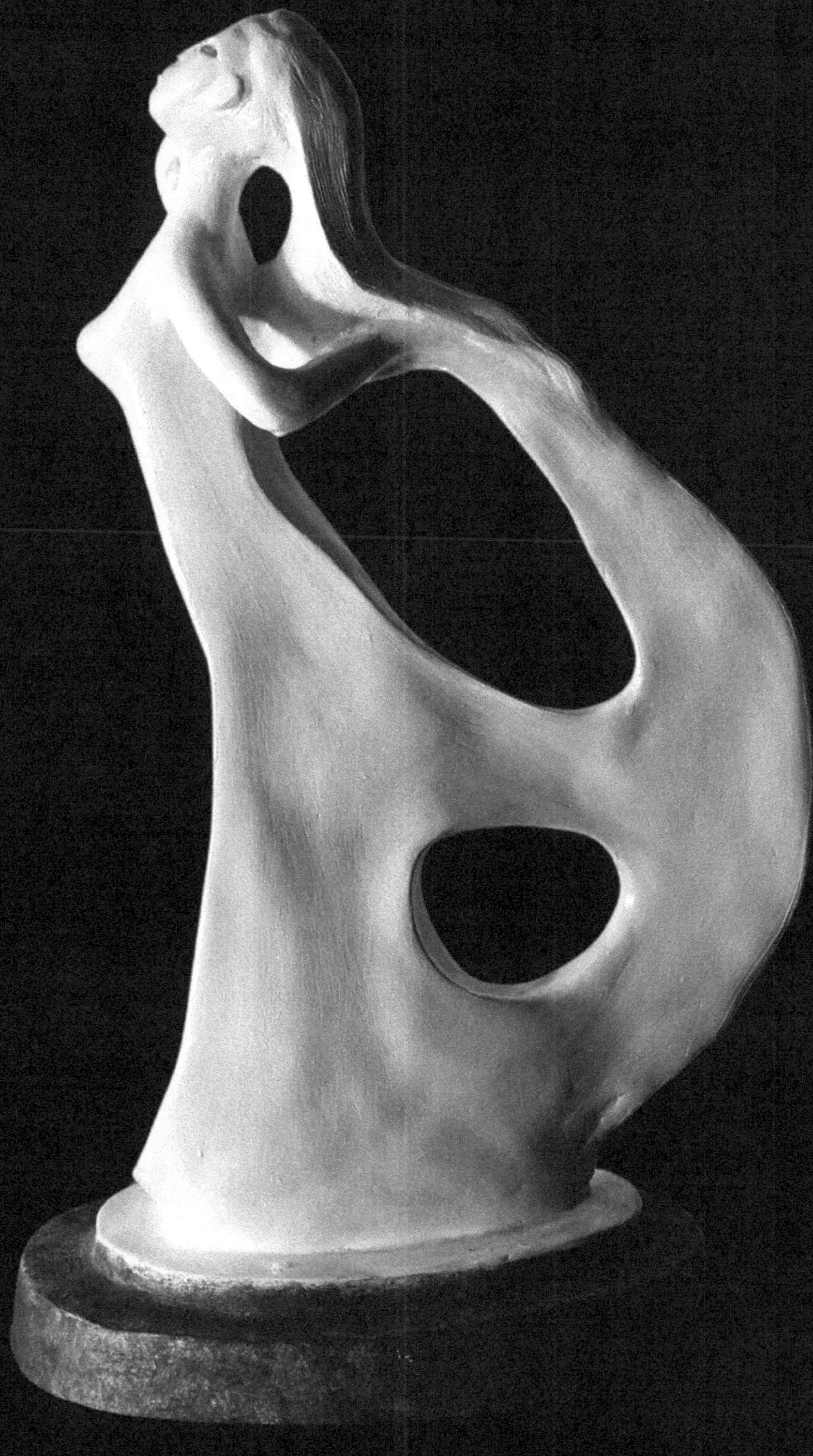

Dance of the Hair (2002)
Katayoun Shirzad

رقص گَیسو

These sculptures embody the essence and strength of women in their journey toward equality with men and the ongoing challenges they face. It serves as a tribute to the progress women have made and the distance still to be traveled to achieve full equity in all aspects of life.

Women have historically been integral to societal development, playing a crucial role since the dawn of civilization. They laid the foundation for agriculture and material civilization, ensuring the continuity of early human progress. Despite their significant contributions, women still strive for fundamental rights such as equal pay, the right to work, property ownership, and participation in social movements. Access to education, health care, and security remain essential yet unfulfilled rights for many women worldwide.

For true equality to be achieved, women, who make up half of the workforce, must receive the necessary attention in developmental processes. Without this focus, the dream of gender equity remains distant and challenging. The fight for women's rights is not just about improving their conditions but about recognizing and valuing their immense contributions to society.

On a cognitive level, women possess unique neurological traits that enhance their decision-making and emotional capacities. The anterior cingulate cortex, associated with decision-making and concerns, is more active in women. Their frontal cortex, which governs emotional management, is larger and matures earlier. The insula, linked to sensory emotions, is not only larger in women but also more active, and the hippocampus, key for long-term memory, is more developed. These differences highlight women's distinct strengths and capabilities.

حقوق طبیعی انسانی نظیر حق برابری با مرد،حق کار، حق برخورداری از دستمزد و حقوق ماهیانه برابر با مردان، حق مالکیت، حق داشتن آزادی شرکت در نهضت‌ها، حق آموزش، بهداشت و داشتن امنیت از اصلی ترین حقوق زنان محسوب می‌شود. تا زمانی که به زنان کشورمان به عنوان نیمی از نیروی انسانی در روند توسعه، توجه ی کافی مبذول نگردد، تحقق این آرمان، آرزویی دست نیافتنی به نظر می رسد.

زنان از نخستین پگاه حیات جمعی بشر در تمام عرصه های اجتماعی نقشی موثر و تعیین کننده داشته‌اند. سنگ بنای تمدن مادی جوامع در پی فراگیری کشاورزی و زراعت توسط زنان نهاده شده است و شاید بتوان گفت که تداوم پیشرفت و تکامل جامعه اولیه انسانی مدیون تلاش ها و کوشش آنان است.

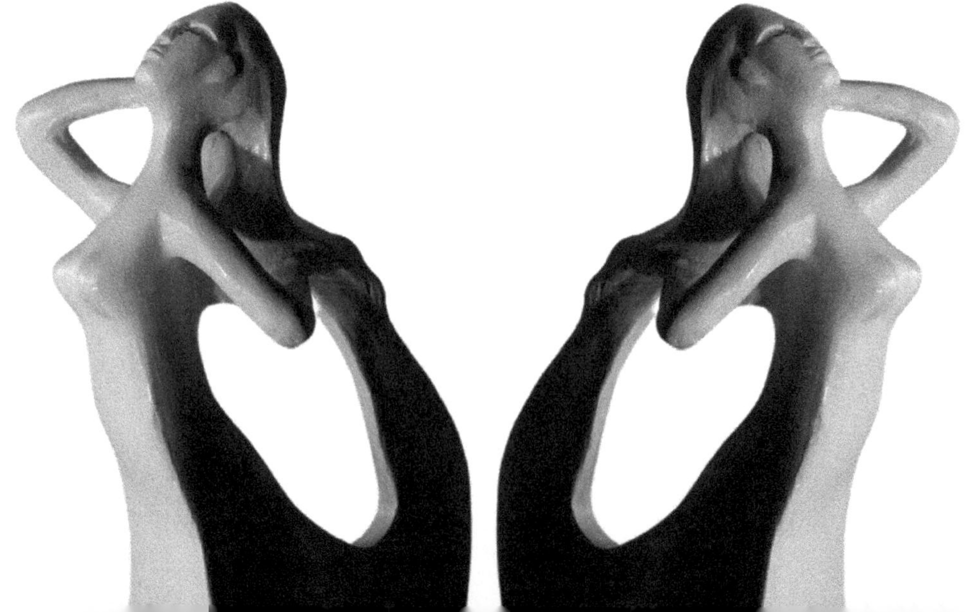

در اینجا نیاز است که به چند مورد استثنائی در بارهی ذهن زنان اشاره کنم:
قشر قدامی سینگولیت که بخش تصمیم گیری مغز و احساس نگرانی انسان‌ها
است در زنان، فعال تر است.

قشر پیشانی مغز در انسان که مدیریت احساسات و عواطف را به عهده دارد
در زنان بزرگتر بوده و زودتر به بلوغ می رسد. اینسولا (بخشی از قشر مغز
انسان) که مسئول احساسات شهودی است نه تنها در زنان بزرگ تر است بلکه
فعال‌تر نیز می‌باشد.

بخش هیپوتالاموس مغز انسان که کار تنظیم تغییرات هورمونی بدن را به عهده
دارد در زنان زودتر شروع به فعالیت می کند. همچنین"بادامه" بخشی از مغز
انسان که شدیدترین عواطف و غرایز را ایجاد می کند در مردان بزرگتر است.

هیپوکامپوس که کلید حافظه بلند در مغز انسان می‌باشد در مغز زنان بزرگتر
است.

جسم پنبه ای مغز نواری که نیمکره های راست و چپ مغز را به هم وصل
می‌کند در زنان و مردان یک اندازه است.

تیپ شخصیت زنان و مردان علیرغم اختلافات میان آنها، هر دو بر اساس
مجموعه صفات اخلاقی مشترک شکل می‌گیرد.

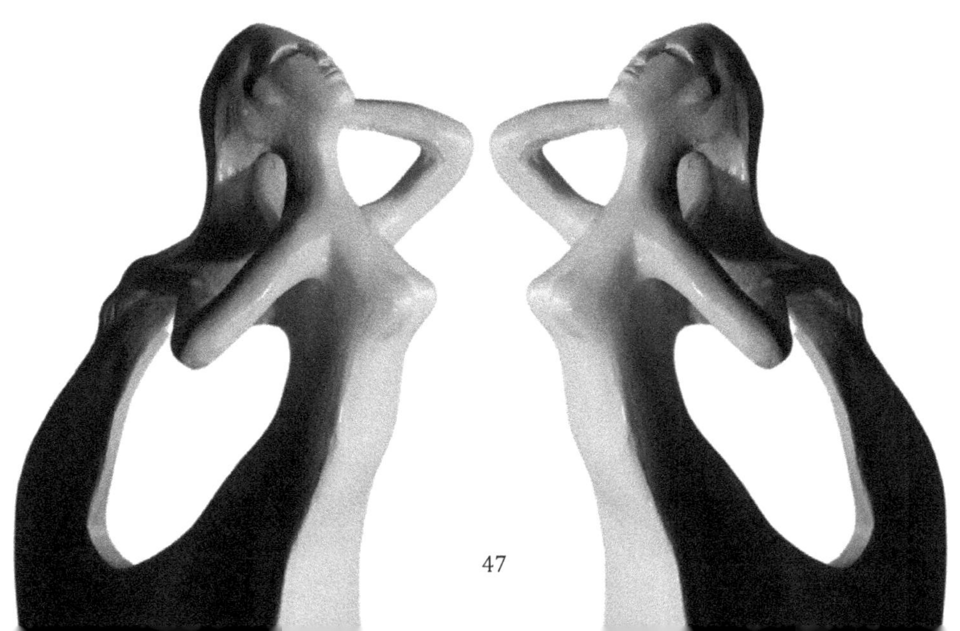

Despite the differences in brain structure,the personalities of women and men are shaped by common ethical qualities, emphasizing our shared humanity. Recognizing these strengths is vital for building a society that values the contributions of both genders equally. Achieving gender requires a commitment to ensuring women have the opportunities and recognition they deserve, enabling them to fully contribute to societal progress and development. Only then can we realize a future where the potential of every individual is fully embraced and utilized.

In today's world, women's rights cover vital areas like political participation, economic opportunities, and protection from violence, reflecting ongoing efforts to advance gender equality. International Women's Day, celebrated on March 8th and recognized by UNESCO, highlights these issues by organizing seminars to review programs that improve women's status, reduce violence, and eliminate obstacles. This day underscores both the progress made and the challenges that persist, emphasizing the global commitment to fostering a society where women can thrive without discrimination.

در دنیای مدرن امروز، حقوق زنان شامل اشارات زیر است: حق مشارکت در امور سیاسی، داشتن حق سرمایه‌گذاریهای اقتصادی، رفع و دفع خشونت علیه زنان و به روز نمودن حقوق زنان. همچنین روز ۸ مارس به عنوان روز جهانی زن از سوی یونسکو اعلام شده است. در این روز، سازمان یونسکو با برگزاری سمینارهای سالانه، به نقد و بررسی برنامه‌هایش جهت بهبود وضعیت زنان و کاهش خشونت علیه زنان و رفع موانع موجود در زندگی آنان میپردازد.

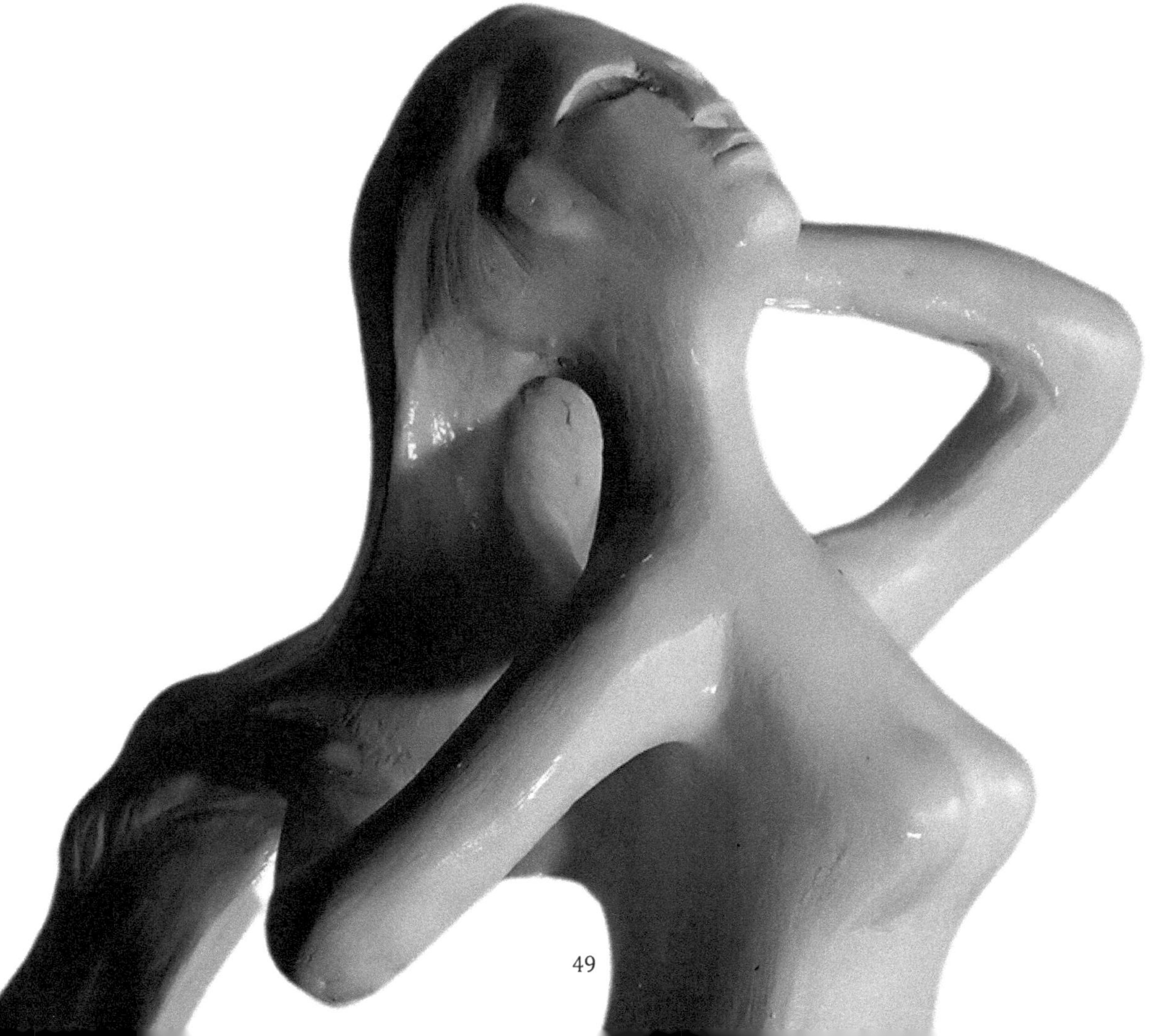

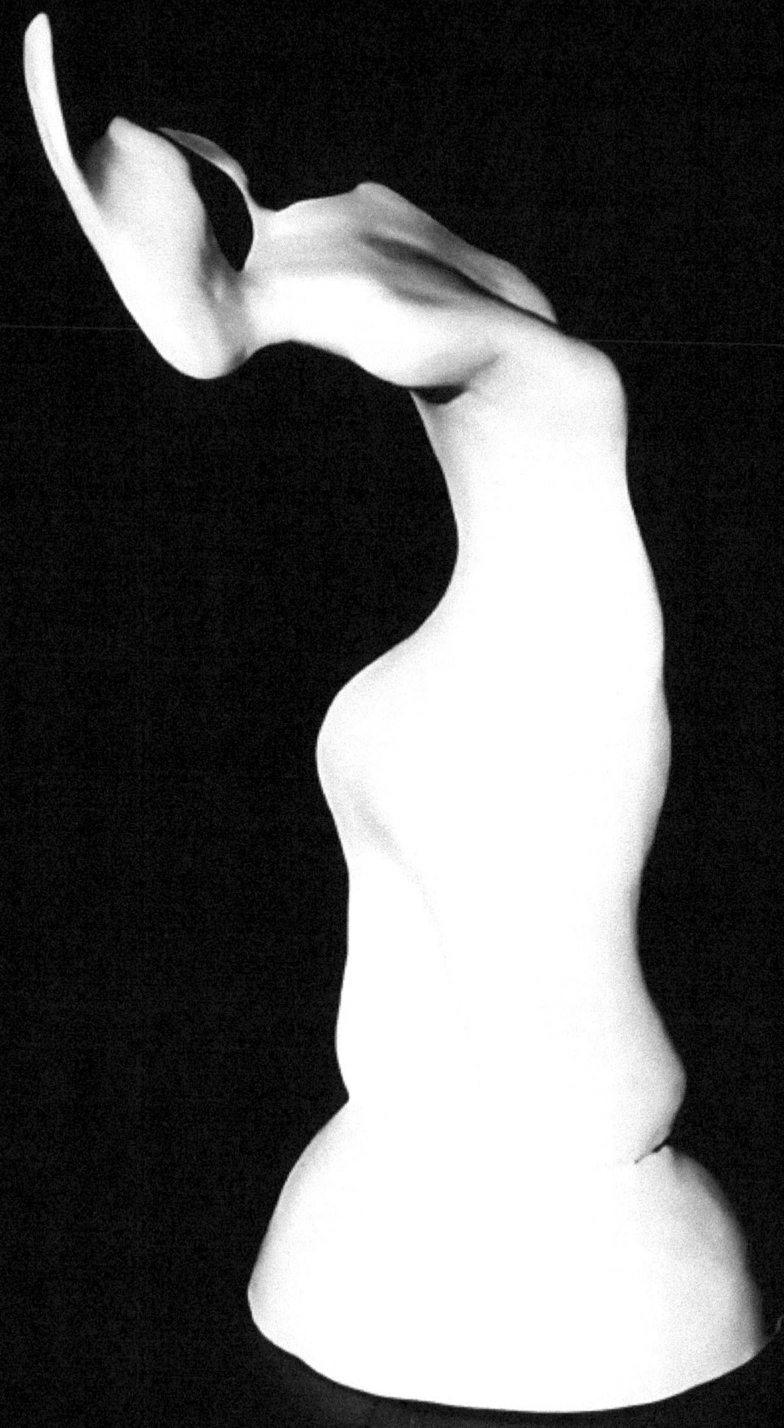

Untethered Soul (2001)
Katayoun Shirzad

آزادگی

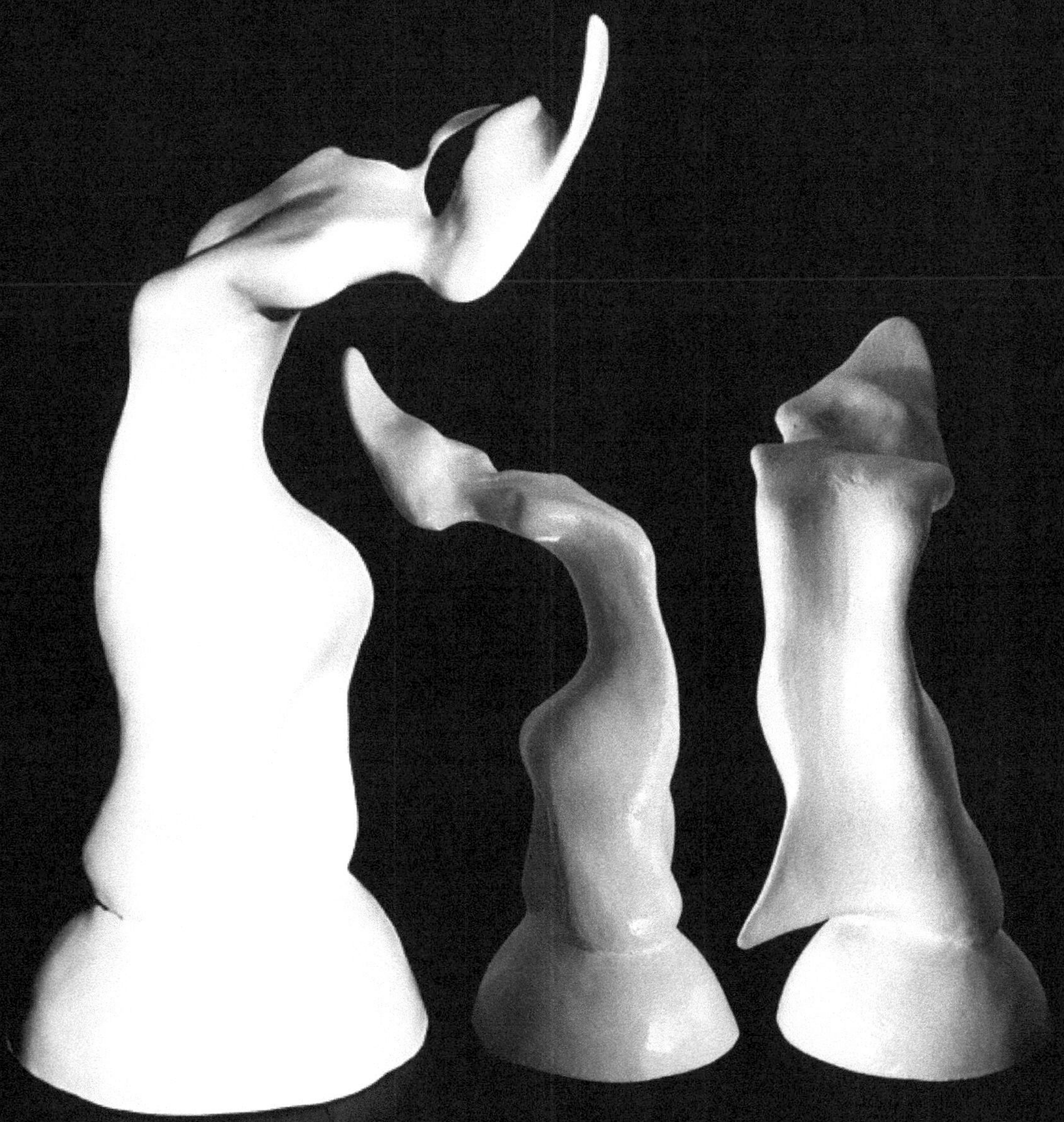

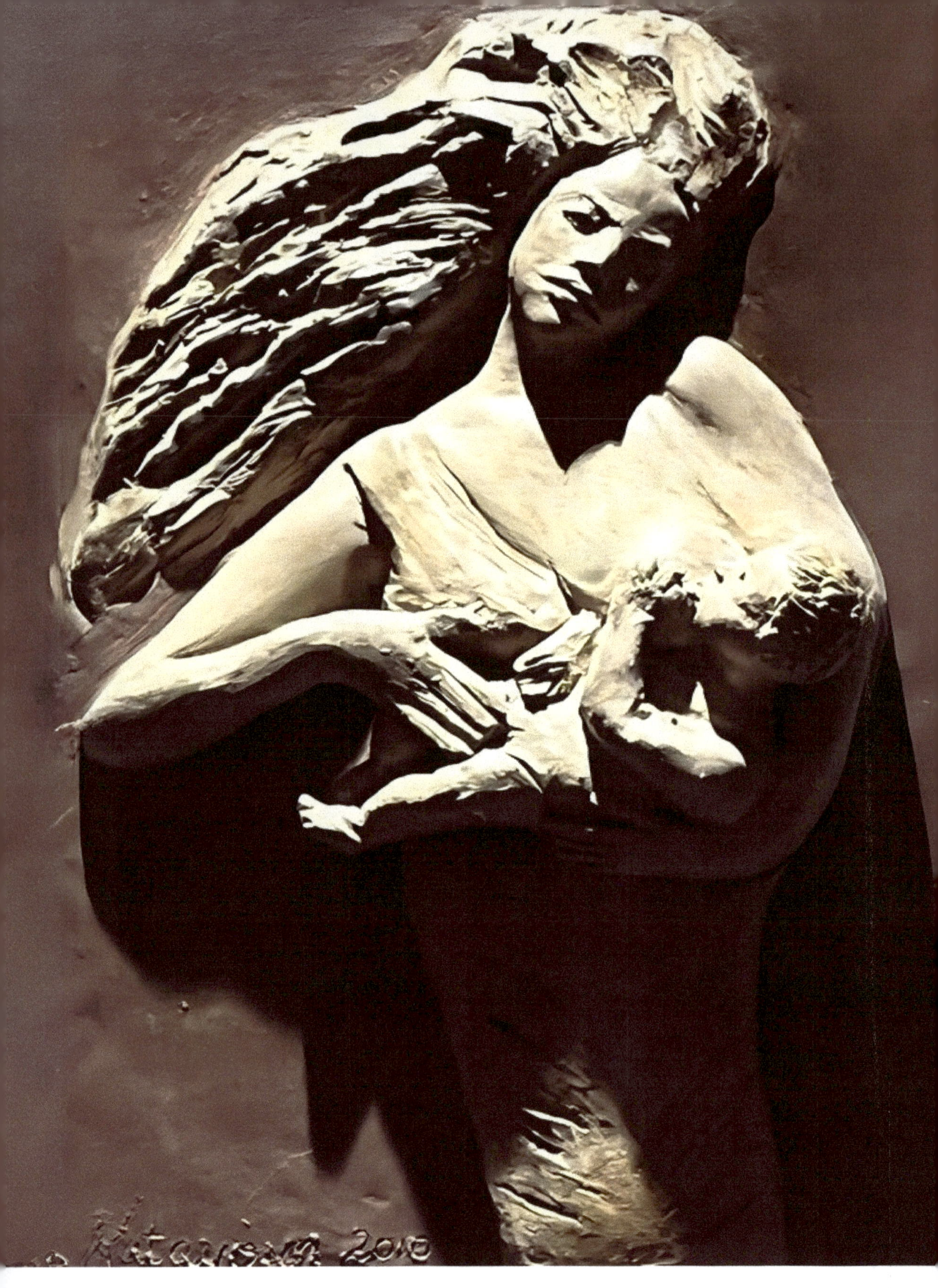

Motherhood (2009)
Katayoun Shirzad

مادری

This sculpture captures the sacred and connection between mother and child, through breastfeeding or other nurturing practices. It symbolizes the deep bond formed through skin-to-skin contact and gentle interaction during early years, which fosters maternal intuition and helps infants develop trust in their caregivers. The release of oxytocin and dopamine released during breastfeeding brings tranquillity to the mother and enhances the bond as both mother and child navigate their relationship. Nurturing bonds, however, can be formed through various means. Whether or not a mother chooses to or can breastfeed, the close emotional connection, care, and love she provides are what shapes a child and ensures their well-being.

هنگام شیر دادن، با نگاه مادر و فرزند به یکدیگر ارتباط دیداری خاص، مقدس و عاشقانه‌ای بین آنان پدیدار می شود.

با شیر دادن به نوزاد، در مغز مادر اوکسیتوسین و دوپامین ترشح میشود. ترشح این دو ماده موجب احساس شعف، آرامش در مادر می گردد و ارتباط عمیق و پایدارتری بین مادر و کودک ایجاد می کـند مادر با رشد بلوغ عاطفی می داند چگونه با فرزند خود ارتباط متعادل برقرار کند.

زمان خود را به خوبی سازمـاندهی و مدیریت می‌نماید. با بچه اش وقت می‌گـذراند و بازی می‌کند و در عین حال به آرامش و خوشجالی خویش هم می‌پردازد.

فرزندپروری با روز خود را در آرامش و هماهنگ با برنامه روزانه‌اش تنظیم می کند.

همیشه خوبی‌های فرزند خویش را تشویق و برجسته می‌کند.

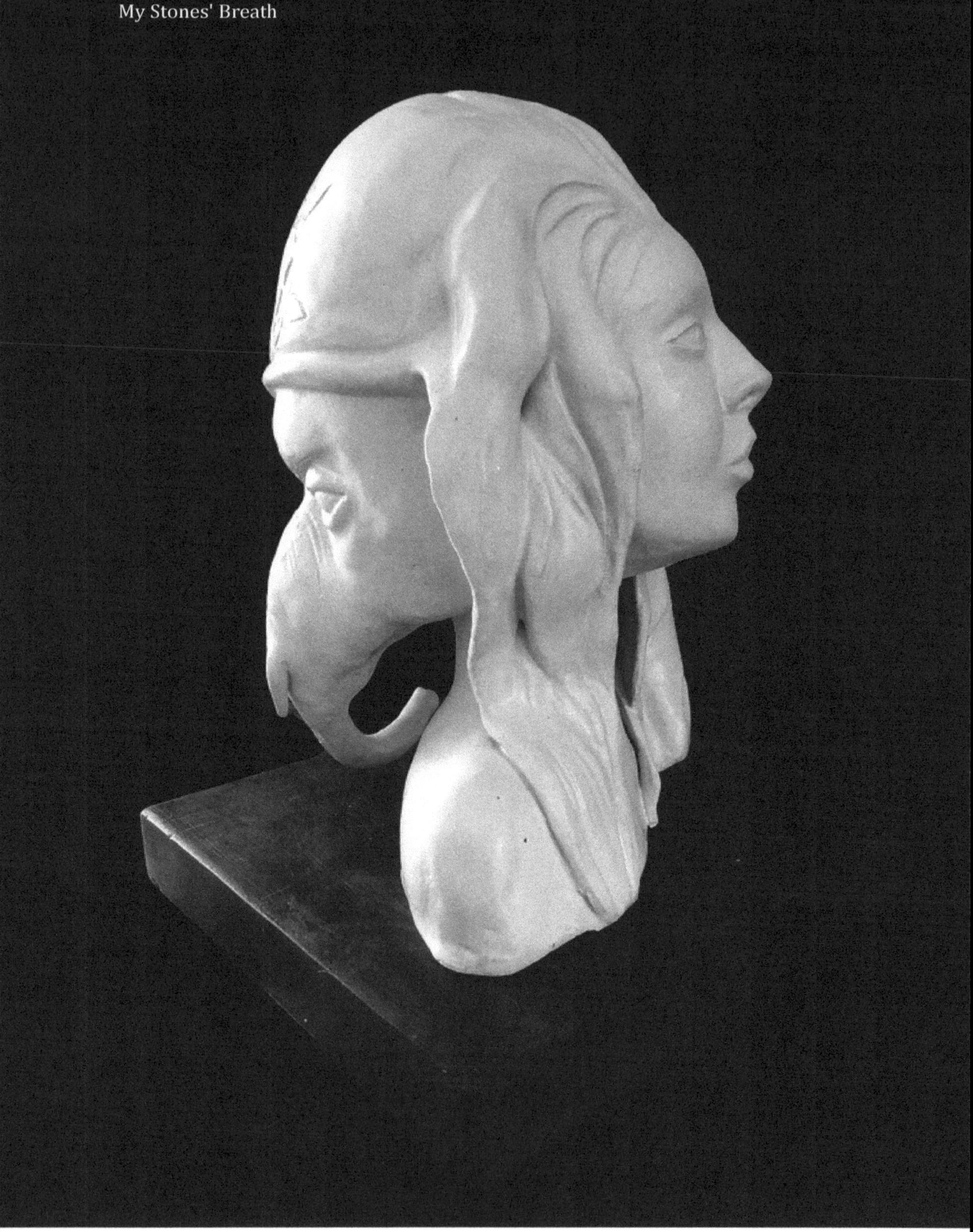

Humble (2015)
Katayoun Shirzad

فروتن

I was compelled to create a sculpture for my daughter, Puraz, and hoped that it would properly reflect her remarkable presence. I asked her what she wanted, and having just arrived back home from Thailand, she requested an elephant. She chose a loyal, devoted animal possessing high emotional intelligence and incredible focus. Elephants exhibit deeper signs of empathy and mutual understanding than other animals, they stick closely together to problem solve and sustain their herd. I dove into researching the symbolism of elephants in art, folklore, literature, religion, and culture. Despite their tremendous size, they're known to be non-threatening, and use their wisdom and power only for the good of their families. I quickly understood why Puraz was drawn to them and found commonalities between her and the majestic elephant. Like my daughter, the elephant is a kind, nurturing being, to be appreciated and respected. This creation honours them both.

در سال ۲۰۱۷ از دخترم پورس که تازه از کشور تایلند آمده بود، پرسیدم دوست داری چه تندیسی برایت درست کنم؟ گفت: فیل .

هنگامی که در مورد فیل مطالعه می کردم دریافتم فیل ها وفادار و متعهد به خانواده هستند و از درک احساسی هوشمندانه و تمرکز بالایی برخوردارند. آنها نسبت به سایر حیوانات، دارای بیشترین نشانه های همدلی و درک متقابل می باشند و همچنین برای حل مشکلاتشان کار تیمی انجام می‌دهند. فیل‌ها میتوانند از فاصله ۰۲ کیلومتری بوی آب را حس کنند .

گیاهخوار بودن این حیوان عظیم الجثه باعث شده تا در هر شرایط اقلیمی از کویر گرفته تا جنگل بتواند زندگی کند. فیلها که با وجود جثه بزرگشان کاملا بی آزار می باشند الهام بخش زندگی انسانها در بسیاری از هنرهای محلی و فولکلور، ادبیات، مذهب و فرهنگهای عمومی شده اند. من با شناختی که از شخصیت دخترم پورس داشتم به وجوه اشتراک بین او و فیل پی برده و متوجه همذات پنداریش با فیل گشتم و این تندیس را برایش خلق کردم.

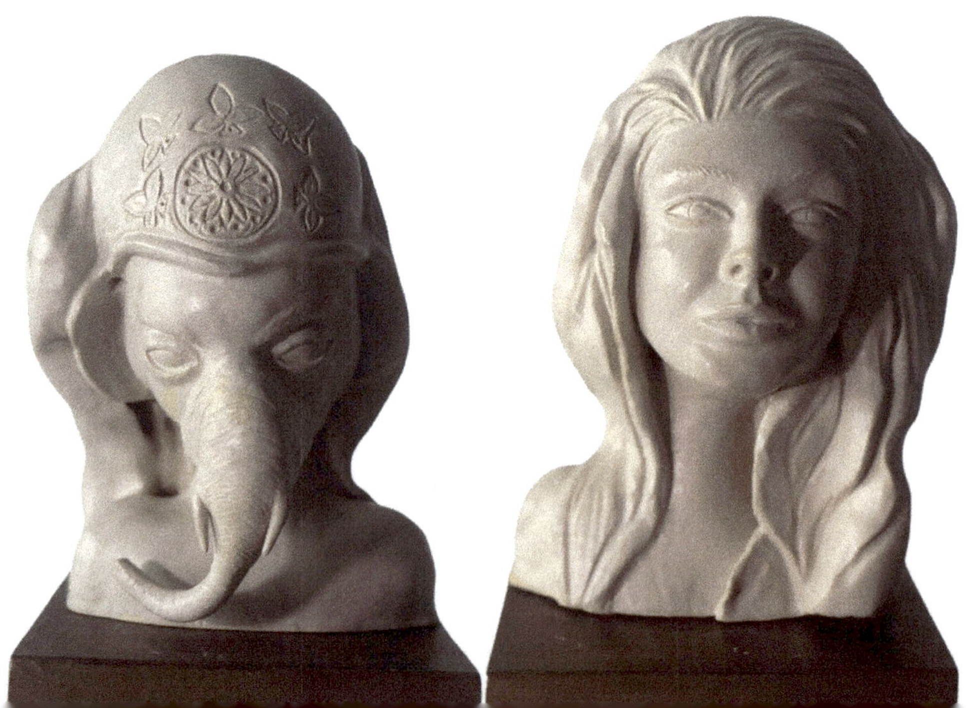

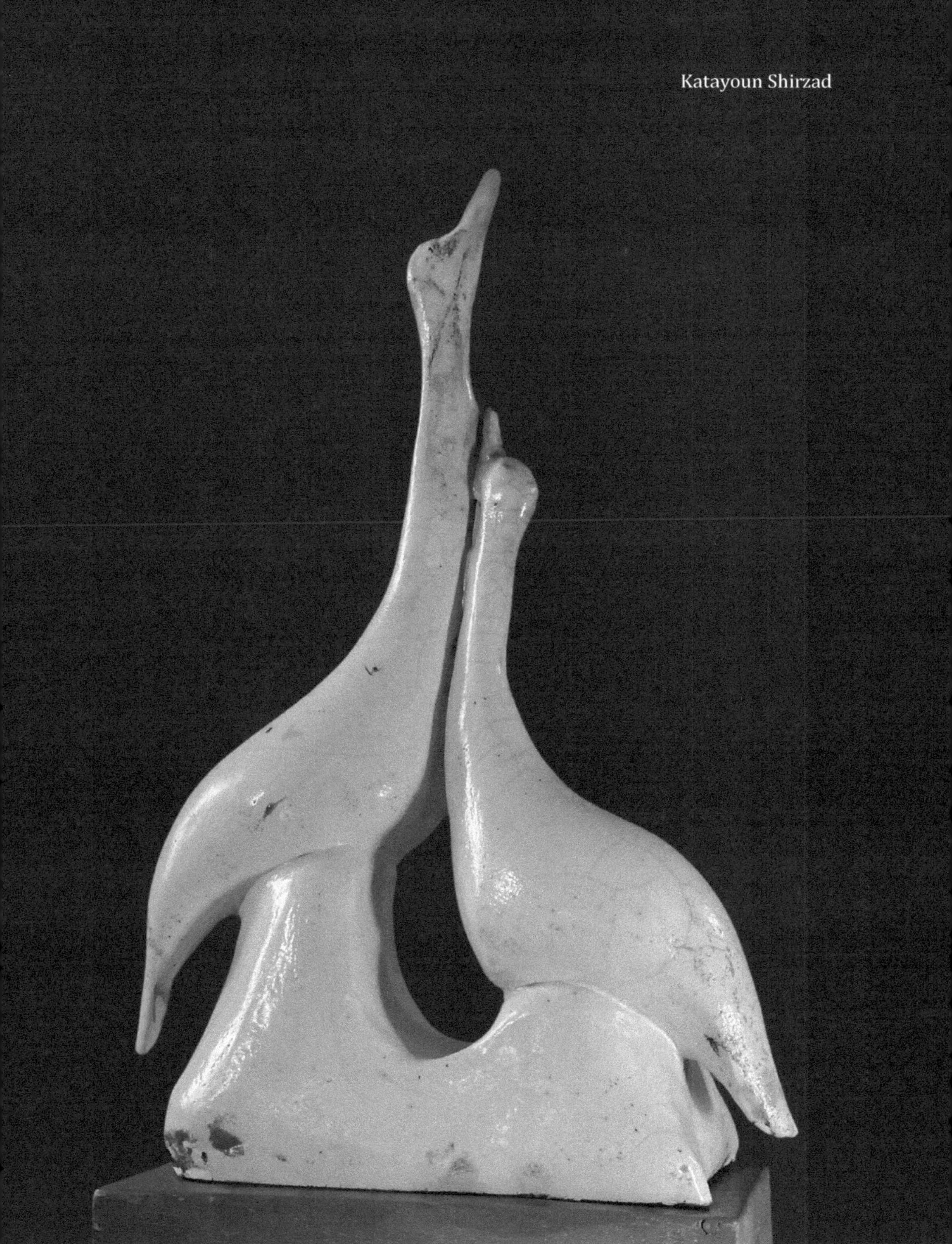

Together in Harmony (2001)   توازن
Katayoun Shirzad

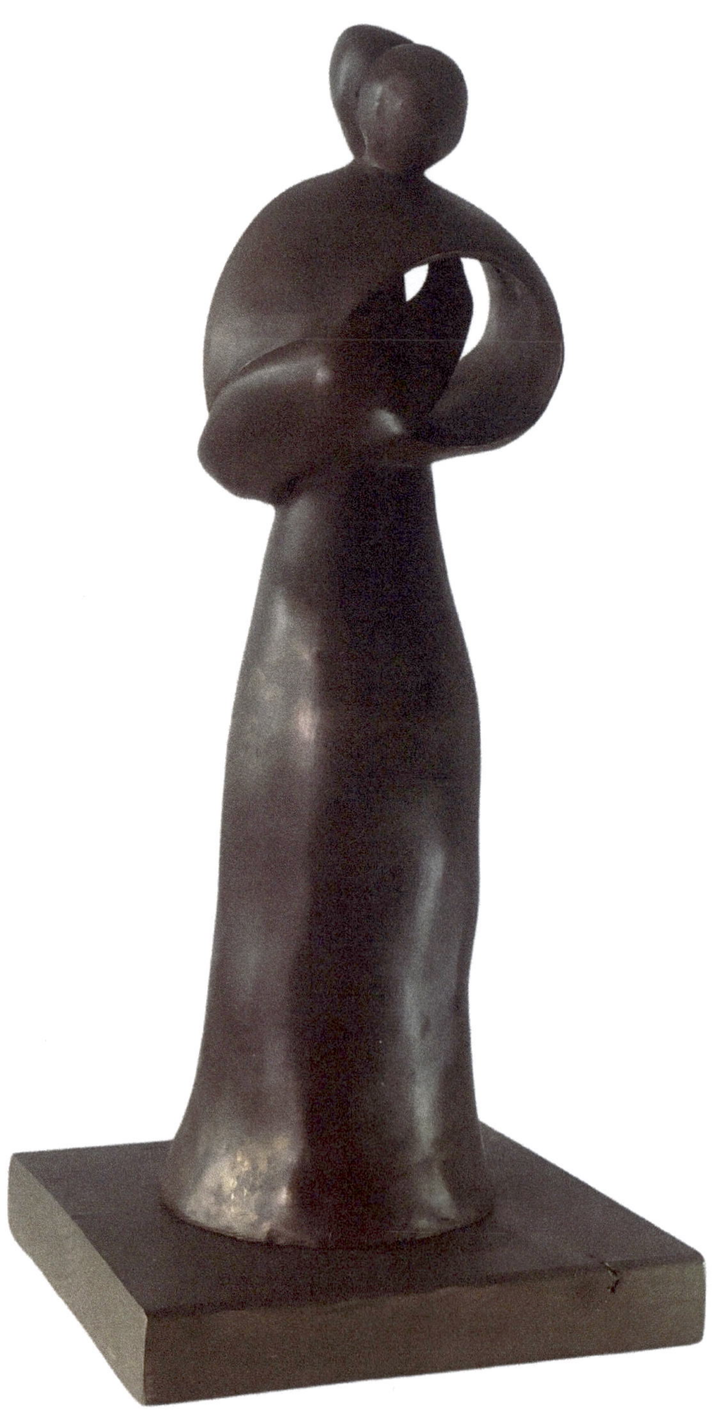

Bonding Dynamies (2013)
Katayoun Shirzad

وصال عاطفى

"Together in Harmony" celebrates a divine bond between two souls. These pieces are an ode to fulfilling emotional and physical relationships; where growth is encouraged and adapting to one another's needs isn't parallel with loss of self. Sharing ourselves with another comes with unique challenges, but when the space between two is recognized as sacred, when it's fed with positivity and love, we can experience an elevated existence both together, and apart.

شیوه دســتیابی به روابط قوی عاطفی، فیزیکی و همزمان پرورش و تداوم آن است که رسیدن به صمیمیت روابط شادتر، احســاس دلگرمی، آرامـش و لمـس عشـق همدلانه را به همراه خود می آورد لازمه ی"همبود" سازگاری با تفاوت‌ها و چالش‌های اجتناب ناپذیر و داشتن تعهد به همدیگر است .

برای حل چالش و بـحران های مـوجود میان دو طرف باید بتوانیم با مکالمه‌ای محـتاطانه از مکانیسم های دفاعی خود بهره بگیـریم و عـواطف ارزشمند را با همدیـگر به اشتراک بگذاریم.

پژوهش ها پیشنهاد می کند که افراد برای استحکام رابطه .عاطفی شان باید با هم تعامل مثبت داشته باشند.

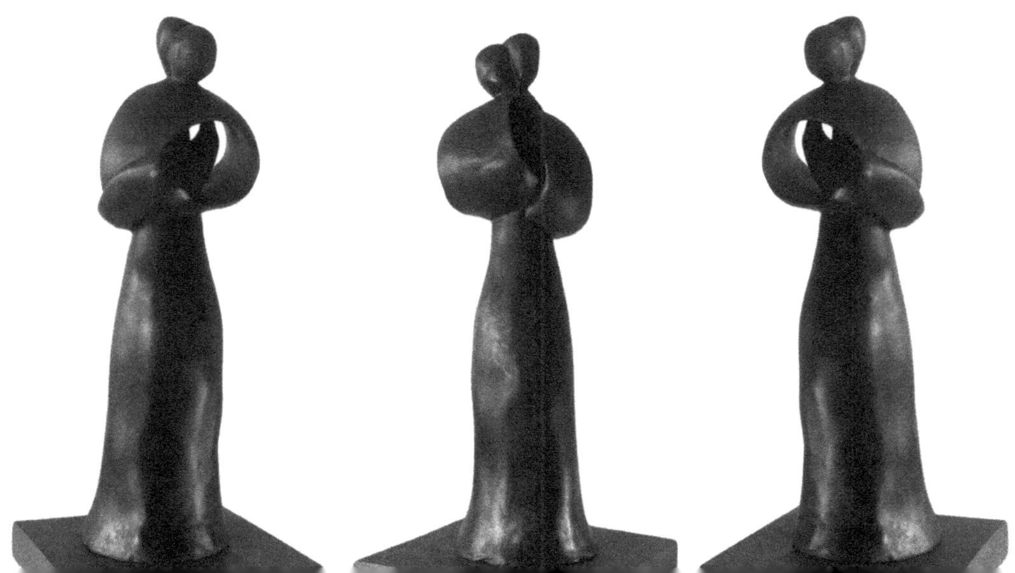

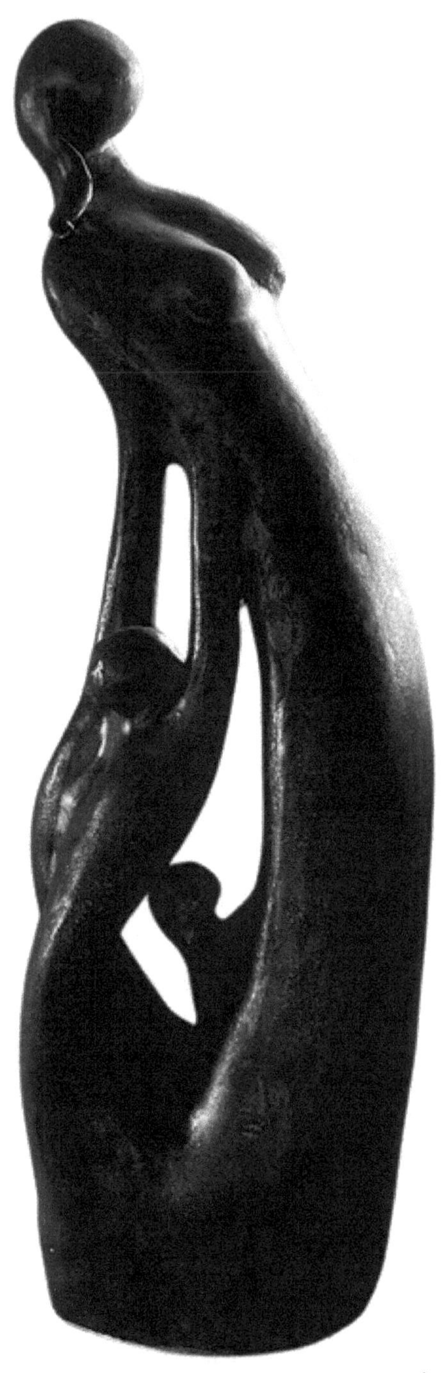

Twins (2018)
Katayoun Shirzad

دِگِل

دِگِل در گویش مازندرانی به معنای دوقلو است.

In the Mazandarani language, the term "Digil" means twins.

Graced with the gift of two beautiful   new grandchildren, I was inspired to learn more about the fascinating dynamic of twins, to better understand how they navigate the world and support their mother in raising them. Overtime, as I learned and witnessed the phenomenon firsthand, I came to understand that the bond between twins is truly unparalleled.

Having begun their connection in the womb, twin relationships are different from other   sibling relationships; twins share an exceptionally deep and intuitive understanding of each other. Many even develop their own private languages, a phenomenon seen in about 40 percent of twin pairs. This language, made up of invented words and phrases, reflects their close connection and mutual understanding.

As twins grow older, they begin to seek independence and develop their own identities. In the early years, they may share many similarities, but as time goes on, their desire to be seen as individuals becomes more pronounced. Although they often seek to establish their individuality as they grow, their emotional connection typically remains just as strong. Their simultaneous pursuit of personal independence and continued closeness shows the special and enduring nature of their connection. Still, while twins often share behaviours and interests, they should also feel called to embrace their own experiences, hobbies, and talents.

Even with the unique challenges that may arise from sharing this special bond, it can be stated that being one half of a twin is a superpower in its own right. The twin relationship is unlike any other, providing both a built-in companion, and a foundation of support, and empathy that enriches both individuals' lives.

"دگل"

دوقلو این معجزه های هستی، دو برابر عشق، دو برابر خنده و دو برابر شادی هستند. هر چه بیشتر با دوقلوها آشنا شوید، آنها را بیشتر دوست خواهید داشت .

مادر دوقلو تشویق می‌شود ذهن و میزان هوشیاری خویش را همگام با دوقلوزایی پرورش دهد. مادر دو قلو با تسلط بر ذهن خواهد توانست زایمانی ایمن، راحت را با مناسبترین شیوه تجربه کند. ما بیاموزیم که: "دوقلوها را دوقلوها" صدا نزنیم. خانواده‌ها و اطرافیان هیچگاه این دو کودک را تحت عنوان"دوقلوها" صدا نزنند و اسمهایی نظیر این به کار نبرند و مراقب باشند که حتما از اسم بچه‌ها برای صدا زدنشان استفاده کنند. در واقع شما زمانی که این دو را"دوقلوها"صدا می زنید برایشان یک هویت مشترک می سازید که‌می‌تواند به ارتباطات اجتماعی آنها آسیب بزند.

دوقلوها، اجتماعی تر بار می‌آیند: اساساً دوقلوها خودخواه نیستند، زیرا همیشه آموخته‌اند که یک نفر دیگر نیز هست و باید حقوقش را رعایت کرد همچنین احساس همدلی‌شان نسبت به دیگران بیشتر است.

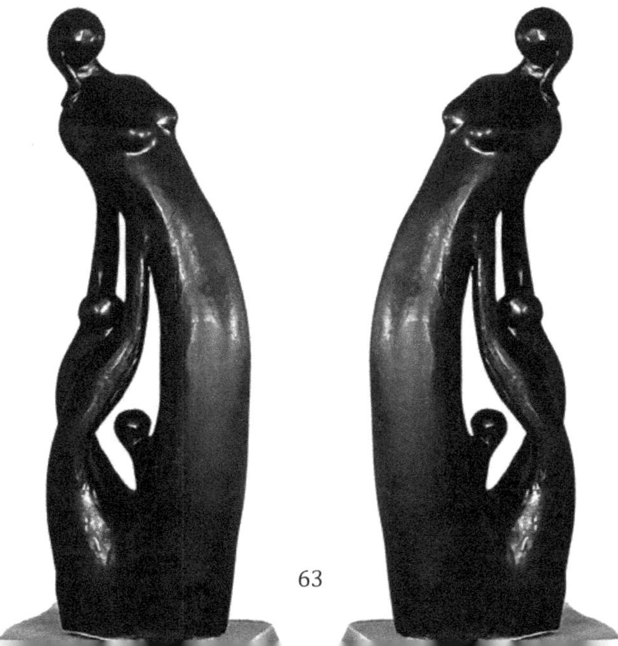

این رابطه دو نفری به خودی خود مشکلی ندارد اما اگر به این مساله منجر شود که این دو کاملا شبیه هم شده و راه همدیگر را بپیمایند،رشد فردی شان مختل می شود حتما با متمایز کردن رنگ لباس، آنها را از یکدیگر تفکیک کنید. حتی بهتر این است که طرح لباس ها نیز متفاوت باشد. به علاوه باید از هرکدام از دوقلوها نظرشان را در مورد انتخاب وسایل مورد نیازشان بپرسید و بهتر است که آنها همکلاس نباشند. در مورد حضور کودکان دوقلو در مهدکودک یا مدرسه، تا جایی که ممکن است بخصوص در مدرسه باید کلاس هایشان با هم متفاوت باشد. به دلیل اینکه کودکان دوقلو بعد از مدتی یاد می گیرند به جای اینکه نیازهای عاطفی شان را از همسالان خود بگیرند از قل دیگر دریافت کنند و این مساله باعث می شود به جای اینکه پیوند عاطفی آنها بسیار قوی باشد در مهدکودک و بخصوص در مدرسه کودکانی منزوی شوند و تمام مدت زنگ تفریح را با هم بگذرانند. در حالی که اگر کلاس هایشان با هم متفاوت باشد کودکان یاد می گیرند هر کدام شبکه اجتماعی خود را داشته باشند و دوستان جدیدی پیدا کنند .

در دعوایشان دخالت نکنید، توصیه می شود هنگامی که کودکان دوقلو با یکدیگر دعوا می‌کنند پدر و مادر در دعوای آنها دخالت نکنند و اگر مجبور به دخالت شدند حتما خودشان را ملزم کنند که قضاوت نکنند و نگویند که تقصیر با چه کسی است زیرا همیشه متهم می‌شوند که عدالت را رعایت نکرده اند.

هر اندازه سن دوقلوها بالاتر می رود، گرایش های آنها به استقلال بیشتر شده و در نتیجه تلاش بیشتری دارند که هویت جداگانه ای را از خود در اجتماع به نمایش گذاشته و به دنبال دستیابی به هویت اختصاصی هستند. البته لازم به ذکر است این تغییر در بسیاری از موارد جنبه ظاهری و اجتماع پسند داشته و مکنونات قلبی آنها به همان شدت سال های گذشته است. به بیان دیگر دو قلو ها همانقدر که در سالهای ابتدایی زندگی خود دارای ویژگی های یکسانی هستند اما هر چه سنشان بالاتر برود کشش آنها برای بدست آوردن هویت مستقل باعث می شود که همسانی آنها کمرنگ تر شود.

آنچه در اینجا درباره‌ی دو قلوها می‌آید برآیند تحقیقات روانشناسی می‌باشد و دانستن آنها برای پرورش درست دوقلوها و رفاه حال مادر و دیگر وابستگان دوقلوها بسیار موثر است .

نهادینه شدن نوع تمایلات در بین دوقلوها و وابستگی عاطفی آنها نسبت به یکدیگر از جمله عوامل موثر بر تاثیرپذیری روانی دوقلوها از شکست و موفقیت‌هایشان است به گونه ای که هر اندازه ارتباط عاطفی بین دوقلوها عمیق‌تر بوده و هر قدر کشش و پیوستگی بیشتری بین آنها حاکم باشد تاثیرپذیری‌شان از موفقیت‌ها و شکست‌های یکدیگر بیشتر خواهد بود .

شیوه‌ی رفتار با دوقلوها باید عادلانه باشد نه مساوی. می‌توان گفت: دوقلوها حتی اگر همسان باشند، باید به عنوان دو فرد مستقل با هویت جداگانه و تفاوت‌های فردی پذیرفته شوند و رفتار با آنها باید کاملا مستقل از همدیگر باشد. چهل درصد دوقلوها زبان‌های خودساخته دارند، گرچه اغلب استفاده از این زبان را برای مدت طولانی ادامه نمی‌دهند. این زبان به طور معمول شامل برخی از کلمات ابداعی و چند عبارت مبتنی برصدا، و شکل تغییر یافته‌ای از زبان بزرگسالان است. این پدیده منحصر به دوقلوها نیست، بلکه می‌تواند در میان خواهر و برادران غیردوقلوی صمیمی هم شکل بگیرد .

دوقلوها توانایی‌ها، نیازها، انتظارات و استعدادهای یکسانی ندارند و ممکن است تحت فشار محیط پیرامون برای داشتن شباهت با یکدیگر نتوانند آنچه را هستند، نشان دهند.

رفتارهای مانند همدلی فراوان، پشتیبانی از حقوق یکدیگر، همکاری و دلسوزی نسبت به منافع یکدیگر، گرایش های تفریحی یکسان، تلاش برای همرنگ شدن در نوع پوشش، نحوه آرایش و داشتن علائق یکسان نیز پیامدهای رفتاری دیگری است که در بین دوقلوها مشاهده می‌شود و جذابیت این شاهکار خلقت را به گونه قابل ملاحظه ای افزایش می دهد. داشتن تجربه‌های مستقل زندگی در حوزه‌هـــای گوناگون می‌تـــواند وابستگی‌های دوقلوها را کمرنگ کند و همچنین داشتن برنامه‌ریزی‌های مستقل و هماهنگ بـا تـوانمندی و استعدادهای منحصربه فرد دوقلوها عامل بزرگی در جلوگیری از شکل گیری وابستگی بیش از حد است. دوقلوها دوست دارند به آنها به چشم یک انسان عادی و مستقل نگاه شود.

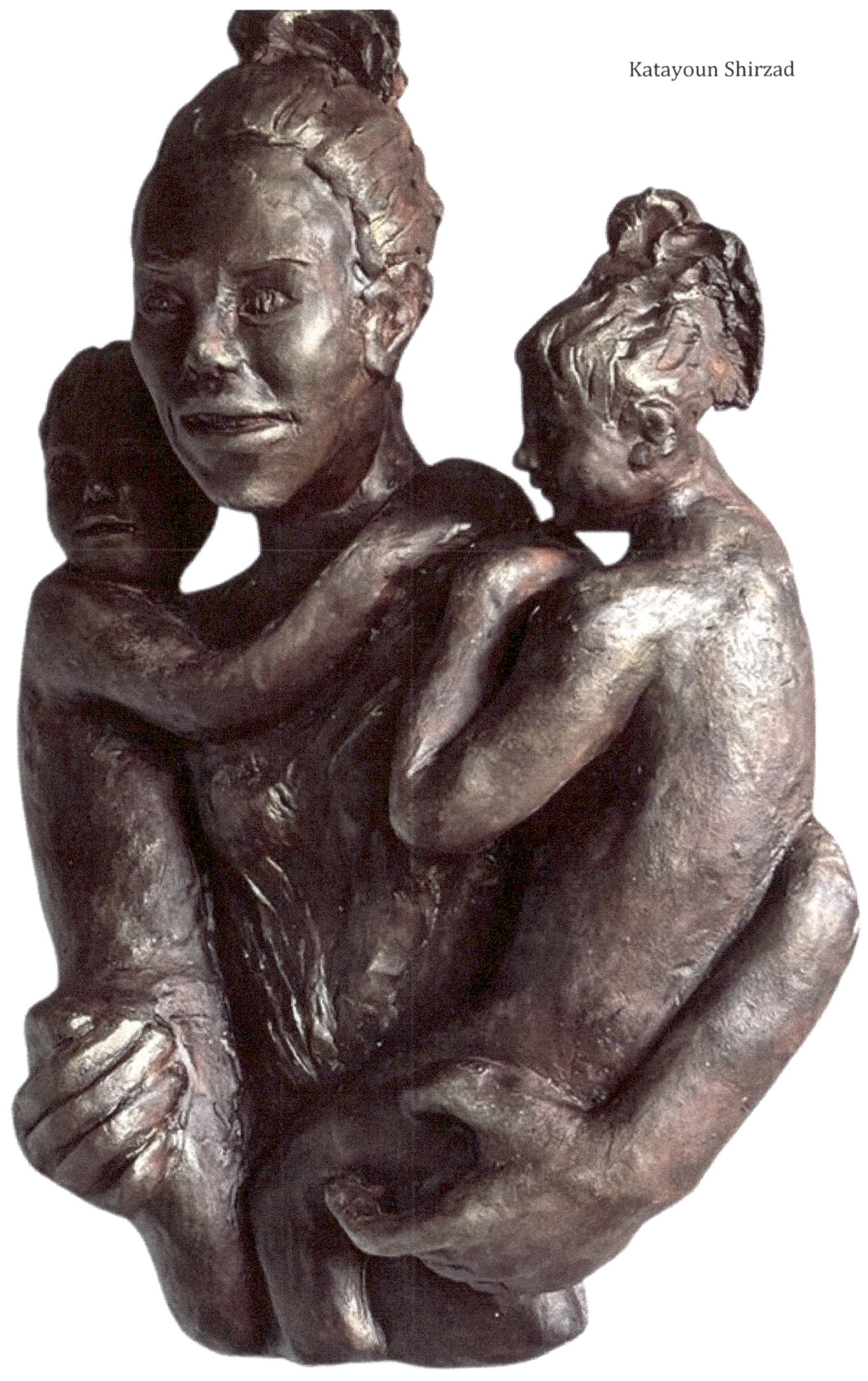

Proud Mama of Twins (2019)
Katayoun Shirzad

مادر پر غرور دوقلوها

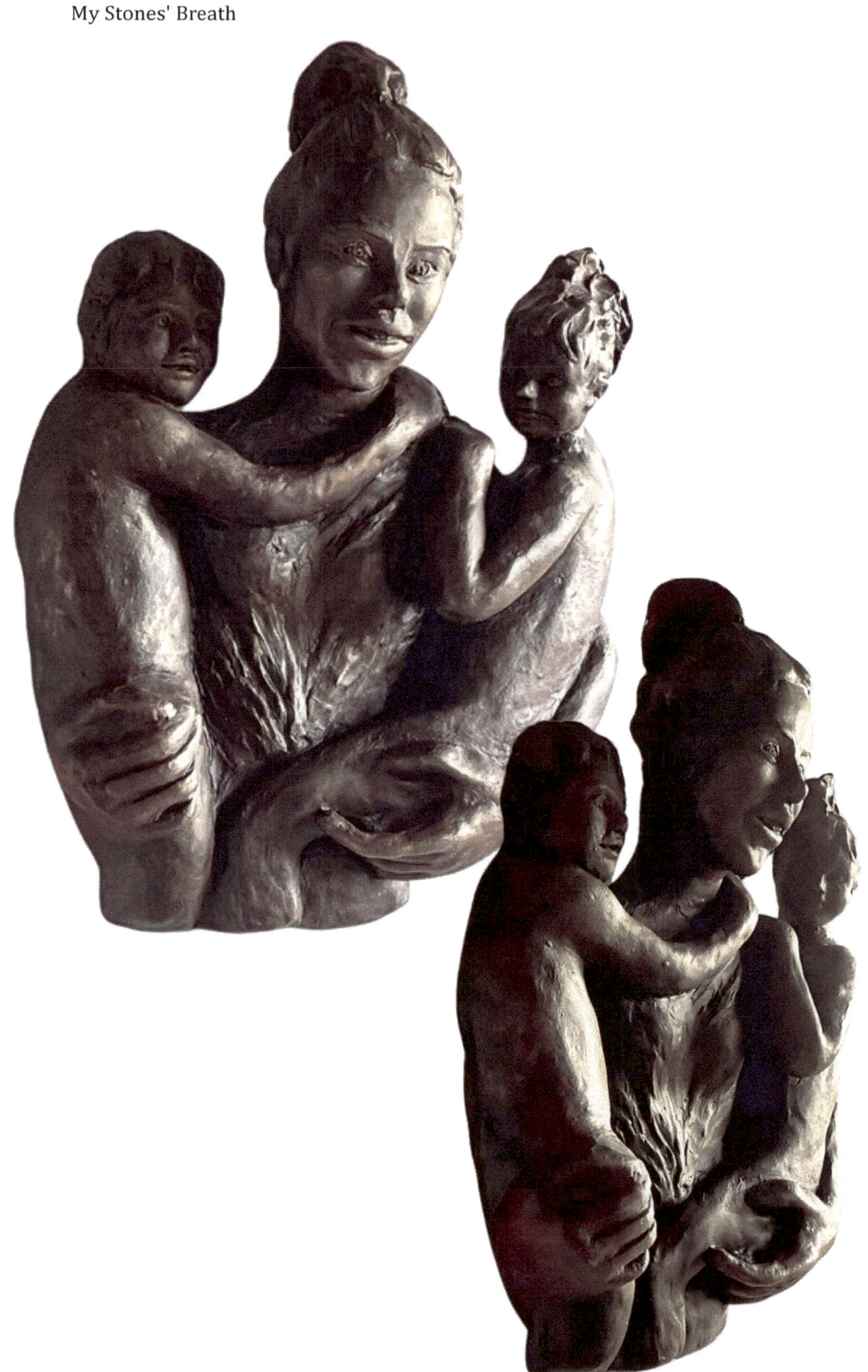

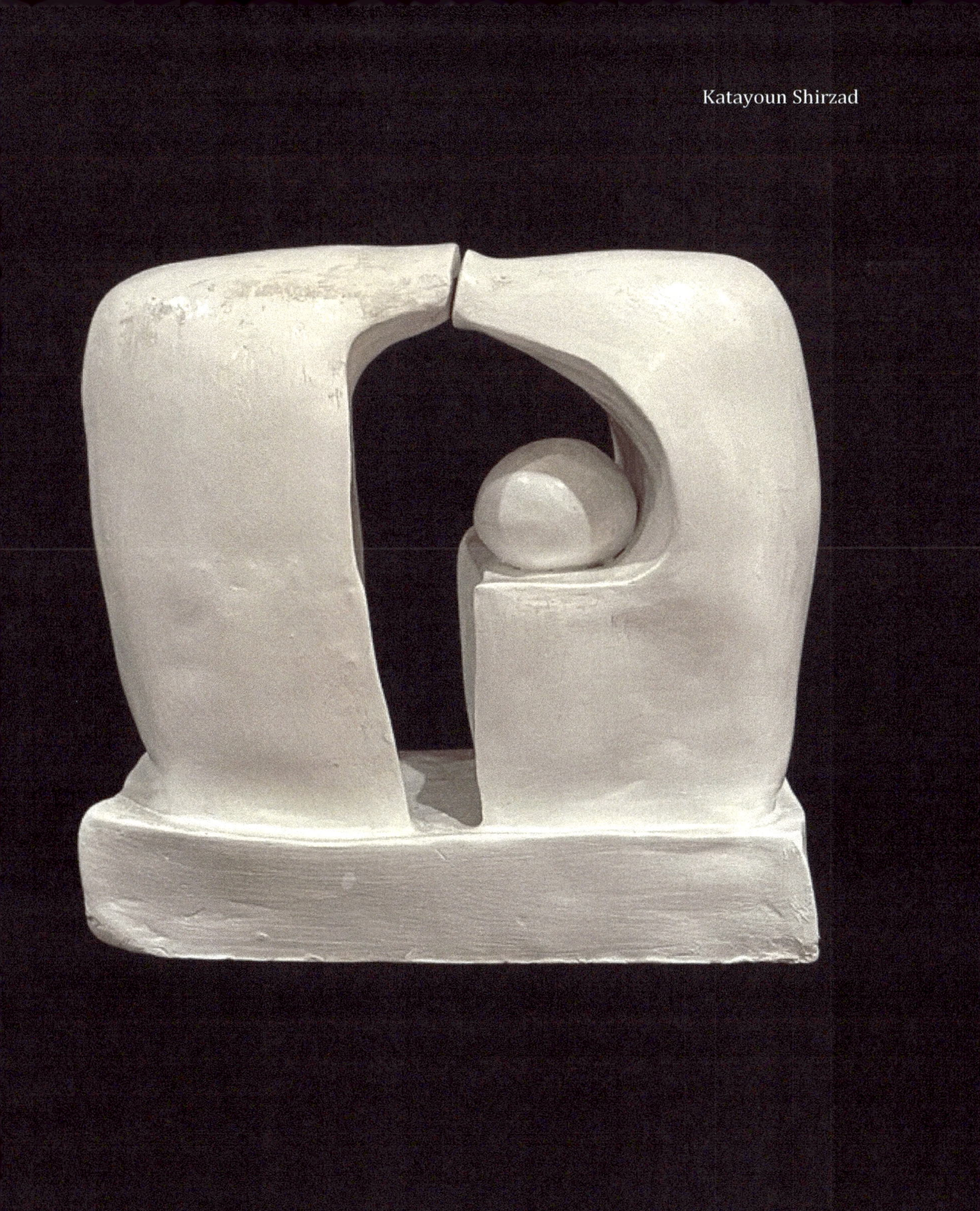

Family (2000)
Katayoun Shirzad

خانواده

The impact of the family is lasting, persisting through separations and distances, and continuing throughout life and beyond. Family is the first environment where individuals grow and experience the stages of life. A healthy family lays the foundation for a thriving society.

Parenting extends beyond meeting basic needs like finances, nutrition, and clothing. It is the provision of love, security, and a sense of belonging. Effective parenting relies on adopting positive parenting models and the emotional maturity of parents. It's a skill that should be developed before having children, as inadequate parenting can lead to behavioral and emotional challenges later in life.

How families choose to navigate parenting varies widely, but productive parenting often includes maintaining open lines of communication and being engaged with children through all stages of their development. Meaningful conversations can strengthen relationships, while the use of authority in a way that fosters fear or punishment may have long-lasting effects on family dynamics. Instead, cultivating a climate where children feel heard and where reasons behind rules are clearly communicated can build mutual respect. Involving children in discussions and valuing their opinions often reflects an approach that encourages growth and understanding.

Parents and caregivers play a crucial role in shaping the lives of their children. The ways they interact, provide support, and guide their development have a significant impact on the child's overall well-being and growth.

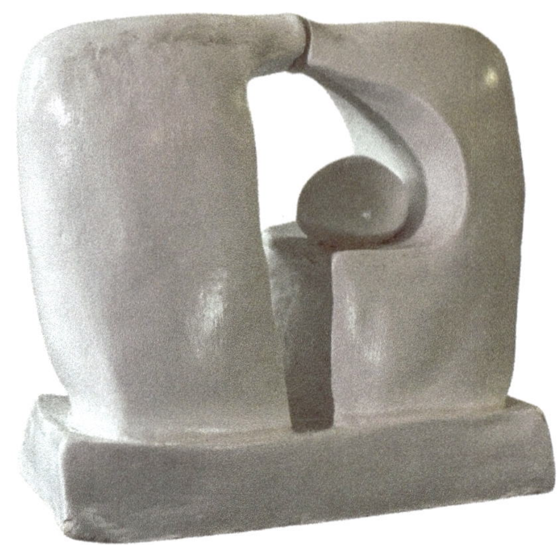

خانواده یک واحد زیستی- اجتماعی بنیادی در جامعه است که از دو یا چند نفر بزرگسال تشکیل شده است، که با هم زندگی می‌کنند و در زمینه مراقبت و تربیت فرزندان (چه فرزندان زیستی،چه فرزند خوانده‌ها) با یکدیگر همکاری دارند. نظام خانواده از چنان قدرتی برخوردار است که با وجود جدایی احتمالی و فاصله زیاد بین اعضای خانواده، حتی تا زمان مرگ، تاثیر آن باقی می‌ماند. خانواده اولین نهادی است که افراد در آن متولد می‌شوند، رشد می‌یابند و مراحل زندگی خود را طی می‌کنند. اساس یک جامعه سالم را خانواده‌های سالم و فرزندان آن ها تشکیل می‌دهند.

از آنجایی که تربیت والدین به طور مستقیم در پرورش کودک و بروز ویژگی های شخصیتی او نقش دارد، فرزند پروری مفاهیمی بیش از تامین مالی کودک، رسیدگی به خوراک و پوشاک و نیازهای مادی او را در برمی گیرد. بعضی از ویژگی ها می توانند شامل؛محبت، احساس امنیت، احساس تعلق و نحوه ارتباط افراد خانواده با یکدیگر باشد.

فرزندپروری و یادگیری با الگو های صحیح تربیت کودک هـمراه با بلوغ عاطفی بالای والدین اهمیت ویژه ای پیدا می‌کند .

فرزندپروری مهارتی است که باید آن را پیش از فـرزند آوری بـیاموزیم. در غیر اینصورت، افراد در سـنین بزرگسالی با مشکلات حاد رفـتاری، عاطفی و ... مواجه می‌شوند.

فرزندپروری به عنوان یک مهارت معرفی می‌شود که با یادگیری صحیح آن می‌توانید در تربیت فرزندان خود به شکل موفقی عمل کنید :

- با فرزندان خود صحبت کنید در تمام مراحل همراه آن‌ها باشید. گفت وگو می‌تواند در بسیاری از موارد به شکل موثری کیفیت روابط را بالا ببرد.
- اقتدار والد بودن را به ترس از تنبیه و اطاعت تبدیل نکنید.
- شنونده خوبی برای فرزندان خود باشید .
- در وضـع و اجرای قوانیـن خود مصـمم باشید و دلایل آن را برای فرزندان خود توضیح دهید.
- پیـامدهای عـدم اجرای قوانیـن را به طـور جدی اجـرا کنید. چـرا که عدم اجـرای قوانین از سوی شـما باعث می‌شود که فرزنـدتان چندان روی حرف‌های شما حساب نکند .
- از فرزندان خود، به ویژه کودکان نظر بخواهید و آن‌ها را در بحث شرکت دهید.

باید در نظر بگیرید که نقش شما به عنوان والد، بسیار بیشتر و پررنگ‌تر از دیگر عوامل تربیتی است .

برای آنکه بهتـرین مـشاوره را در زمینه فـرزندپروری و تربیـت کودک دریافت کنید، بهتـر است از یک متخصص مشاوره و روانشناسی کودک کمک بگیرید. همچـنین مشاوره و مـراجعه به روانشناس و مـشاوره کـودک و نـوجـوان، روانشناسی خانواده، زوج درمانی، مشاوره فردی، گفتار درمانی، گروه درمانی، روانپزشکی و ... می‌تواند شما را برای داشتن زندگی بهتر همراهی کند.

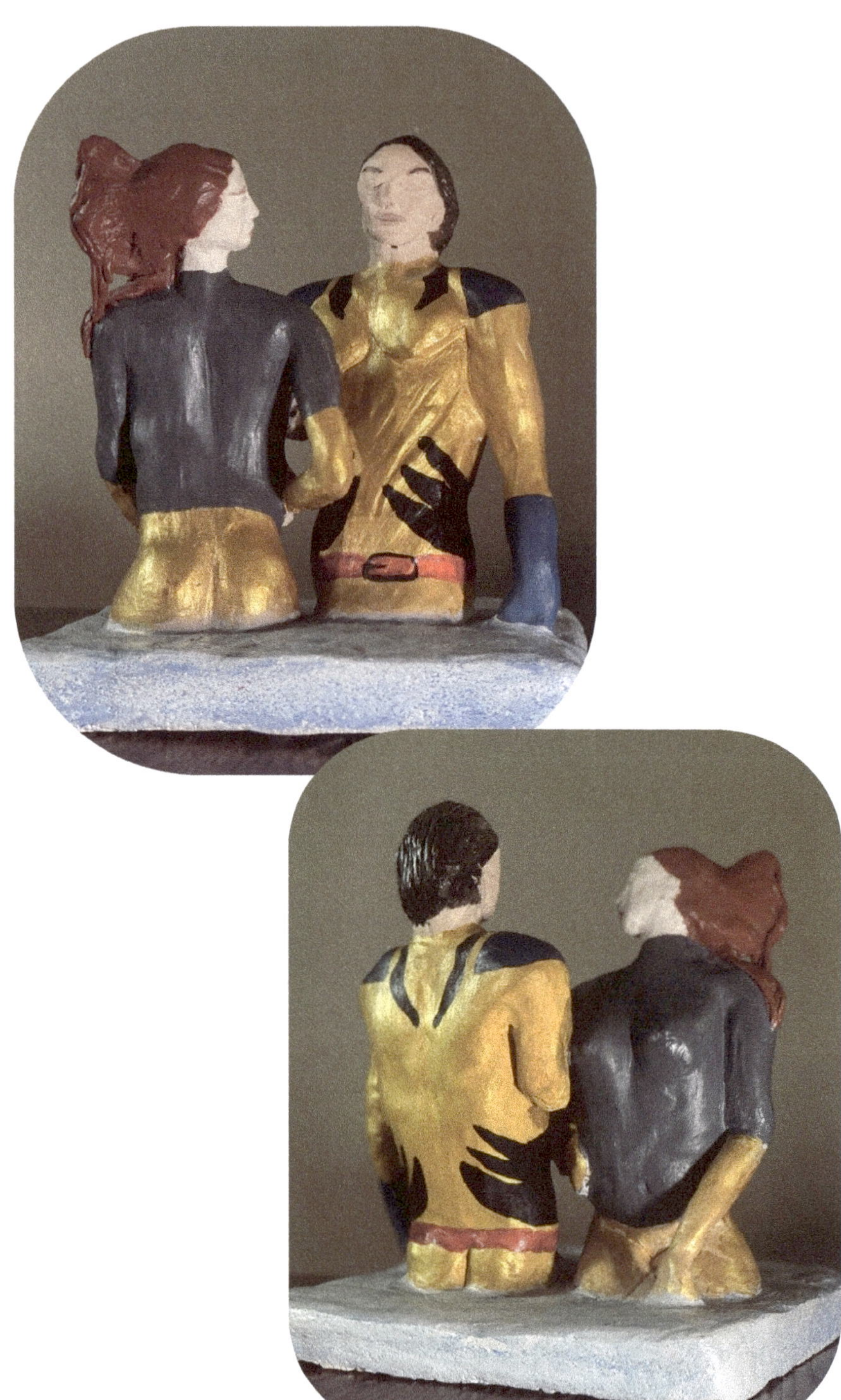

Gift (2015)
Katayoun Shirzad

هديه

As a child and into his adult years, my son deeply admired Wolverine and Jean Grey, characters from "X-Men". Drawn to these brave figures, he would often buy magazines and memorabilia that made him feel connected to their courage and strength. Having missed important experiences in his youth, he was fulfilling a void in his adult years. Driven to create a statue to honour his admiration for these characters, I gifted this to my son, who displayed it at his gym reception desk and never again sought to buy any more symbols of them. He regarded this statue as the final piece of his collection, and with it, his purpose for it was complete.

ولورین و جعین گری، شخصیت های محبوبّ کنام" پسرم بودند و او مجله‌ها و هر نماد مربوط به آنها را می‌خرید .

روزی از او خواستم که کمکم کند و تصویری از آن دو به من بدهد تا تندیس آنها را بسازم، جالب اینست که پس از درست کردن تندیس ولورین و جعین گری، کنام آن را در جلوی دفتر باشگاه ورزشی اش گذاشت و دیگر هرگز سراغ تهیه آنها از بیرون نرفت و در واقع او به رضایتمندی مورد نظرش دست یافته بود.

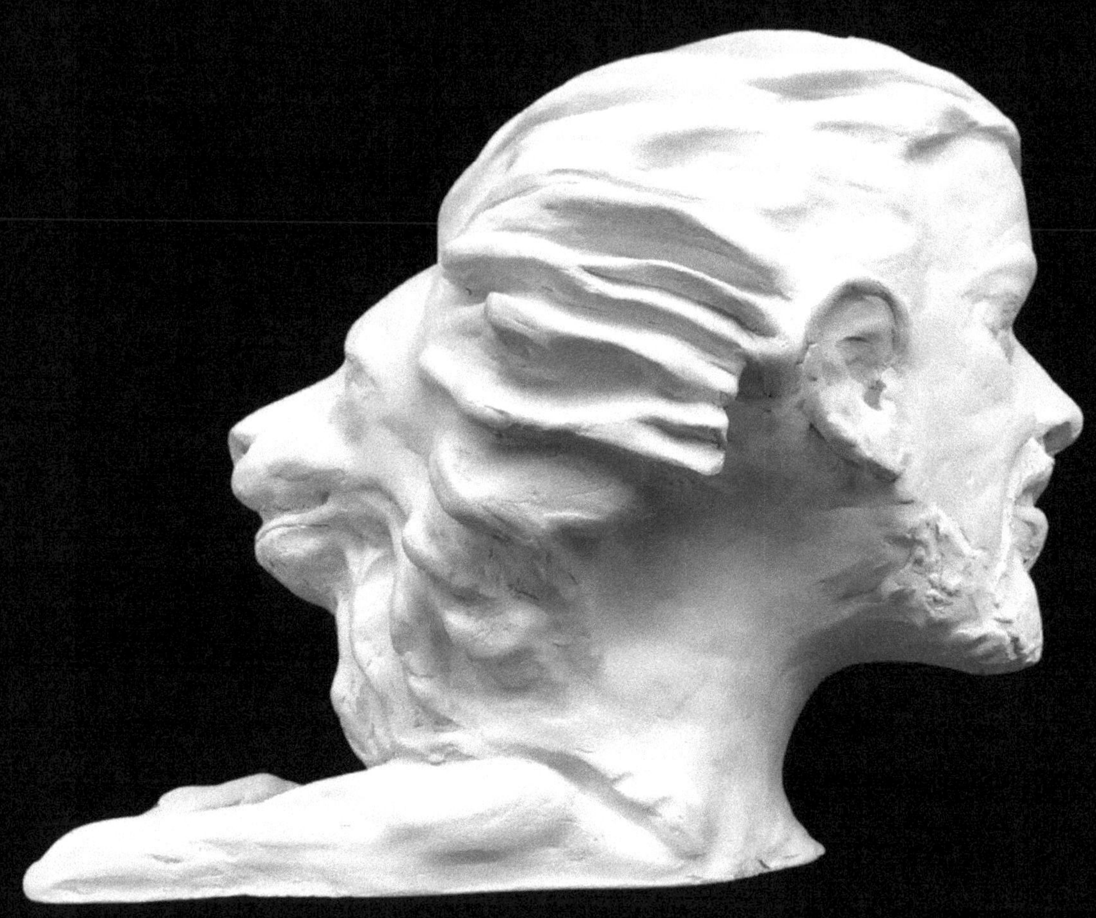

Lion (2020)
Katayoun Shirzad

شیر

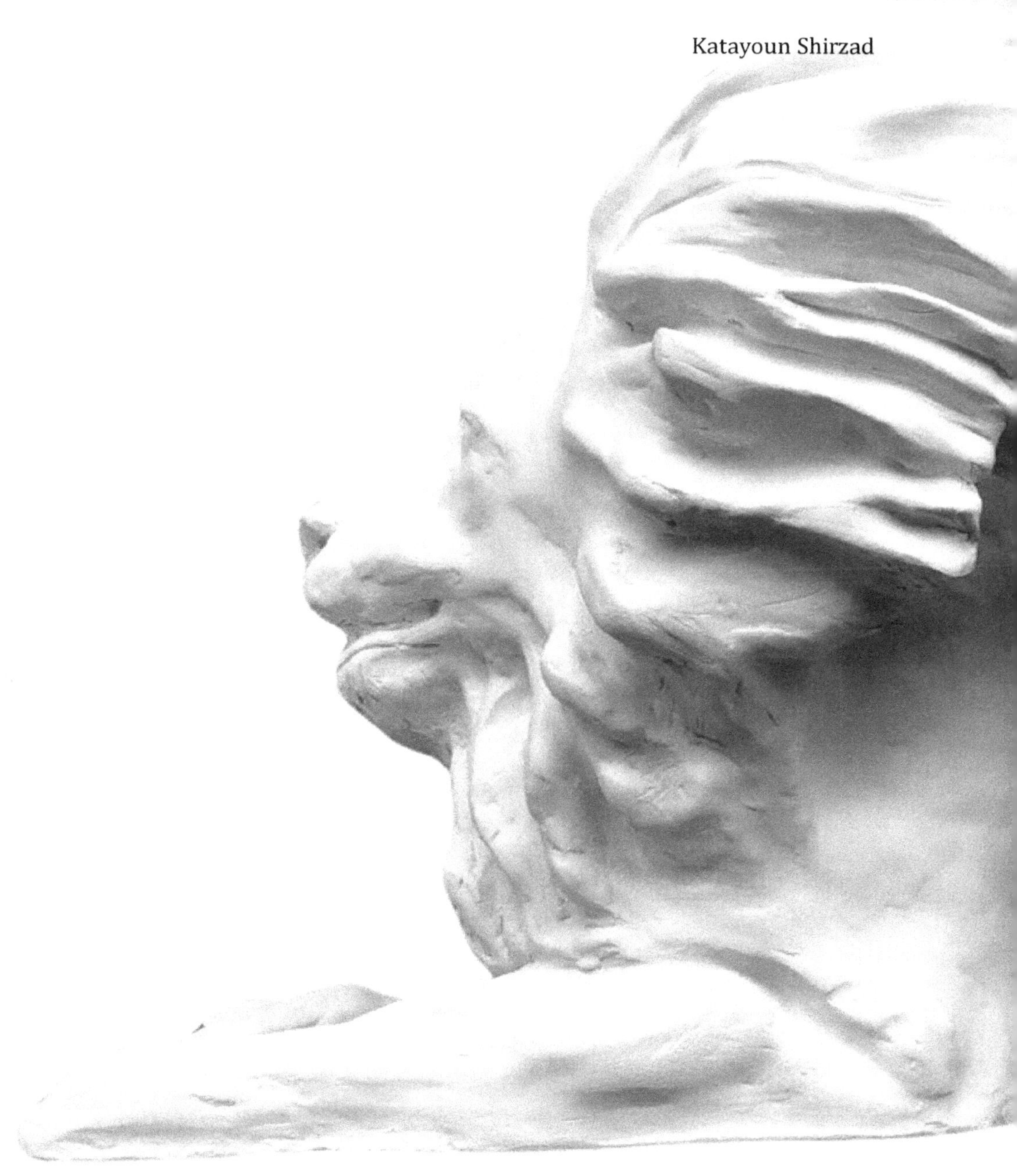

The lion is one of the most common symbols of strength, majesty, and steadfastness. The regal lion represents courage, sound judgment, justice, and mastery over self. This statue merges man and lion together, depicting the likeness between us, and our shared resilience as natural leaders of this earthly realm.

شیر در اکثر فرهنگ‌ها، نماد شکوه و صلابت است. شیر نماد قدرت، قضاوت درست، عدالت، شوکت و تسلط بر ضمیر می‌باشد. همچنین تنظیم انرژی، دلاوری، شجاعت، افتخار و صداقت است. در این تندیس برای نمایش ایده آل صاحب تندیس تلاش شد، که مجموعه‌ی چنین صفات انسانی با همزاد پنداری انسان با شیر در هم تلفیق گردد.

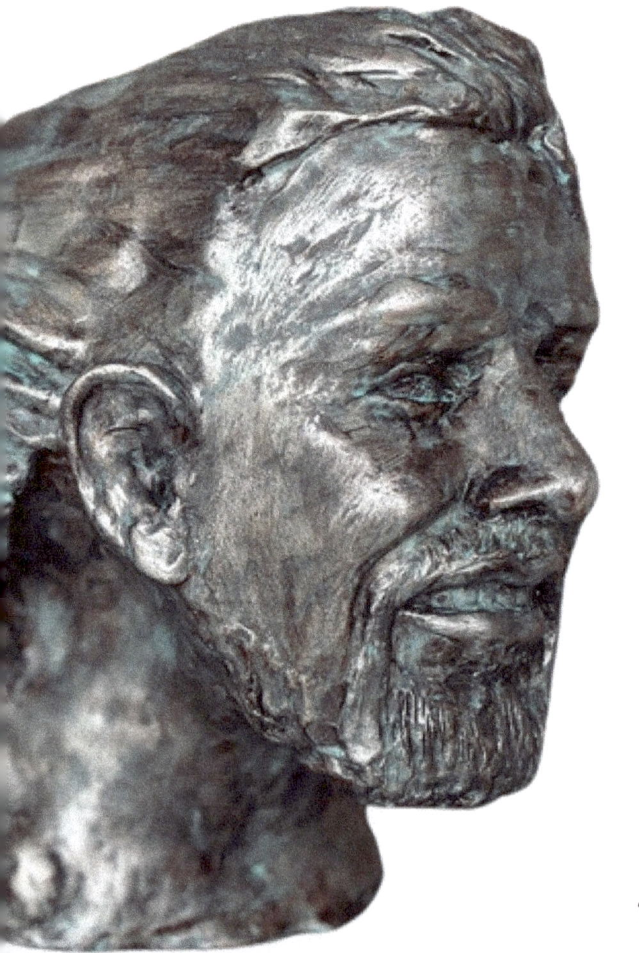
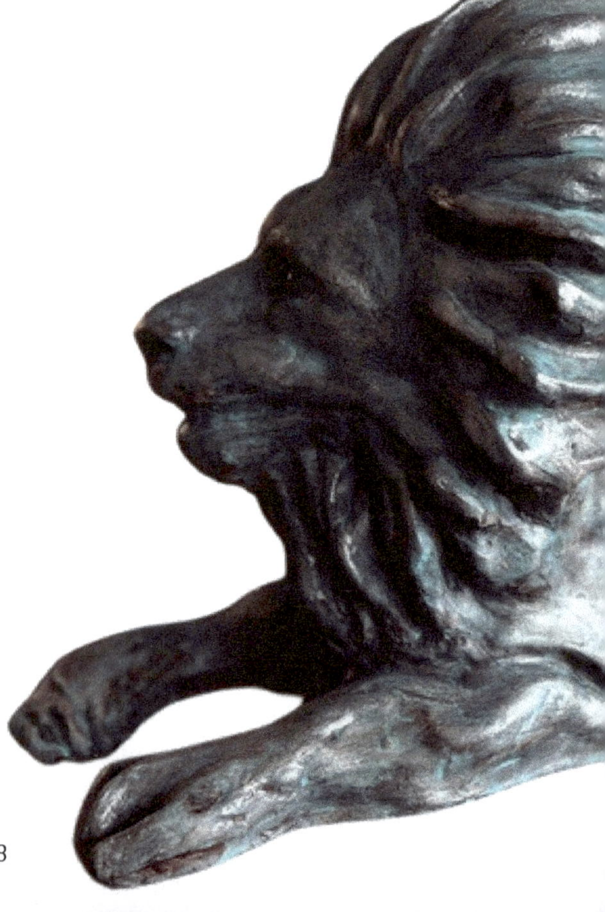

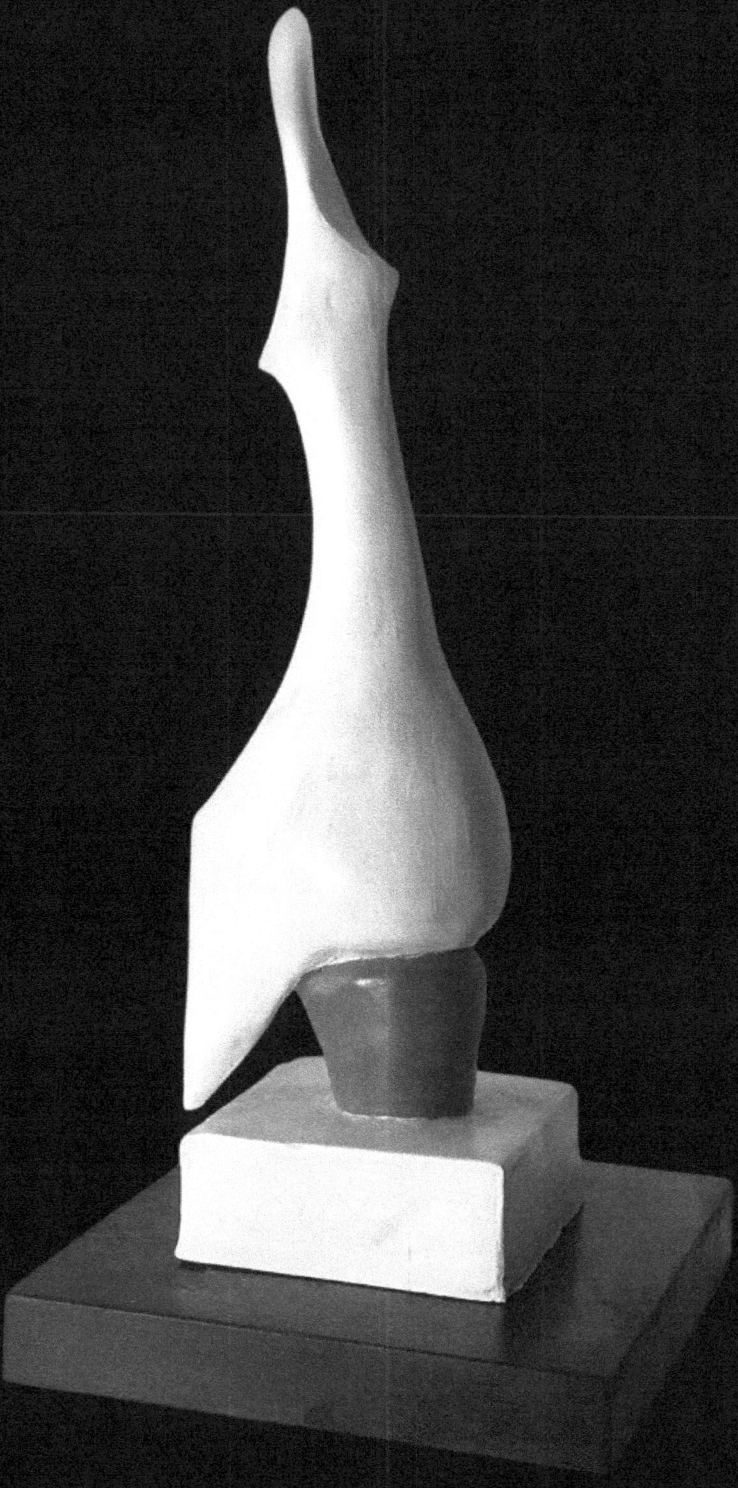

Heron (2000)
Katayoun Shirzad

حواصيل

The heron is a bird that often remains in solitude and stands upright in silence. Steady and deliberate with its   movements, adaptable   and   persistent,   this enduring bird is an emblem of patience, perseverance, and hope.

"هرون"

پرنده زیبایی است که اغلب تنها و سر افراشته در سکوت می ایستد. این پرنده سمبل و نماد صبر و استقامت، ایستادگی و امید است.

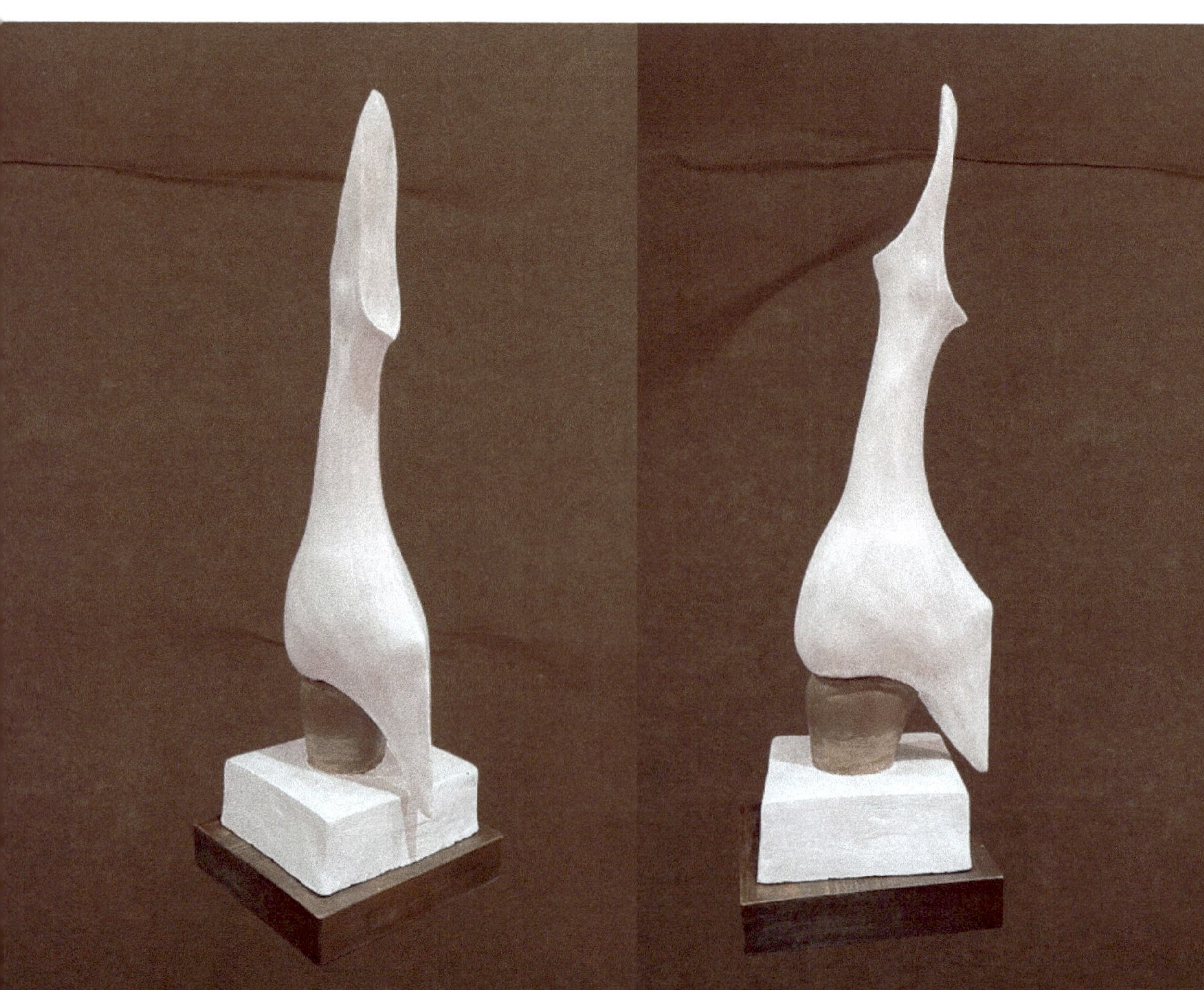

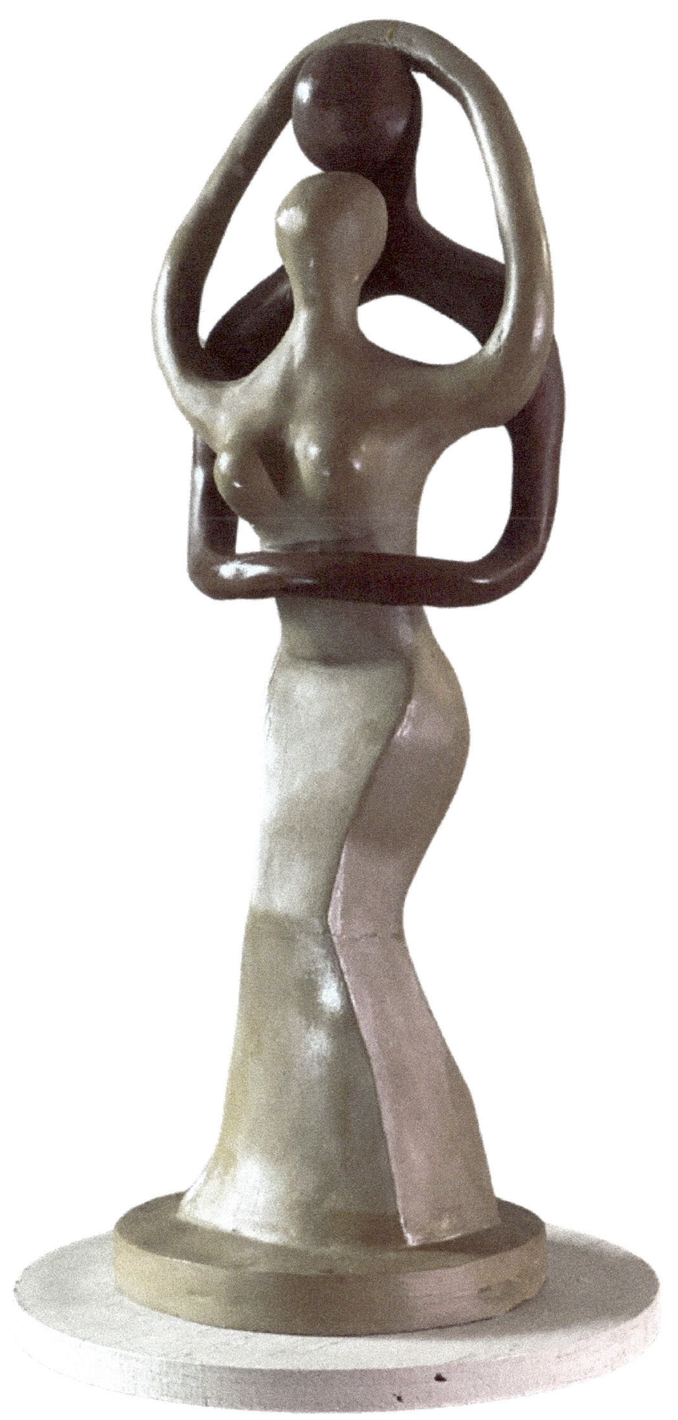

Your Shoulders (2011)   شانه های تو
Katayoun Shirzad

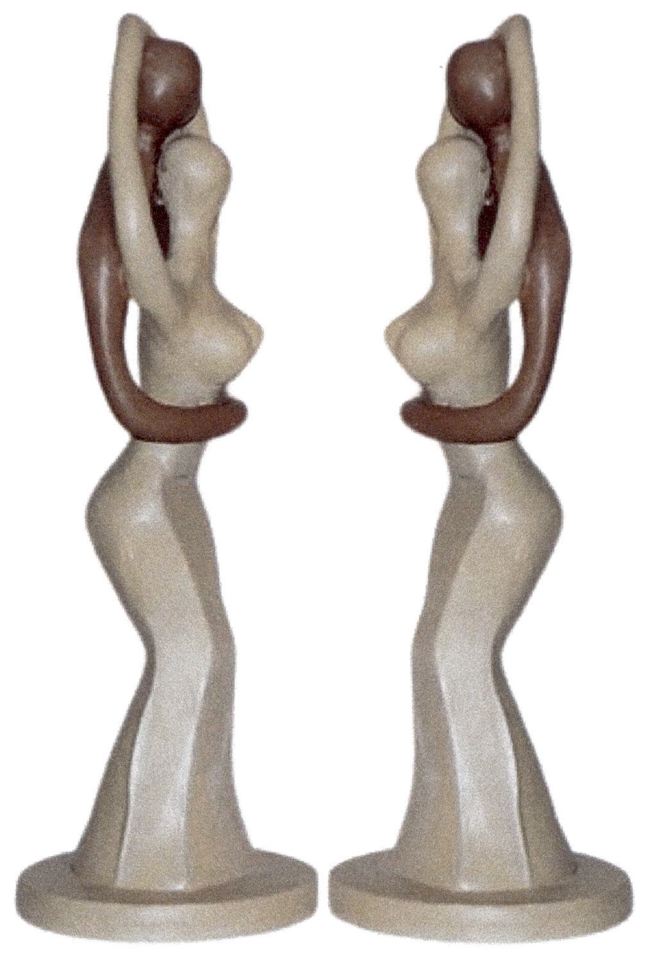

Your shoulders,

like proud and sturdy rocks,

The waves of my hair on this cliff,

Pull the chest like a waterfall of light.

Your shoulders,

Like grand fortress walls,

The dance of my hair on them,

Like the dance of willow branches in the breeze.

-Forough Farrokhzad (1935-1967)

Katayoun Shirzad

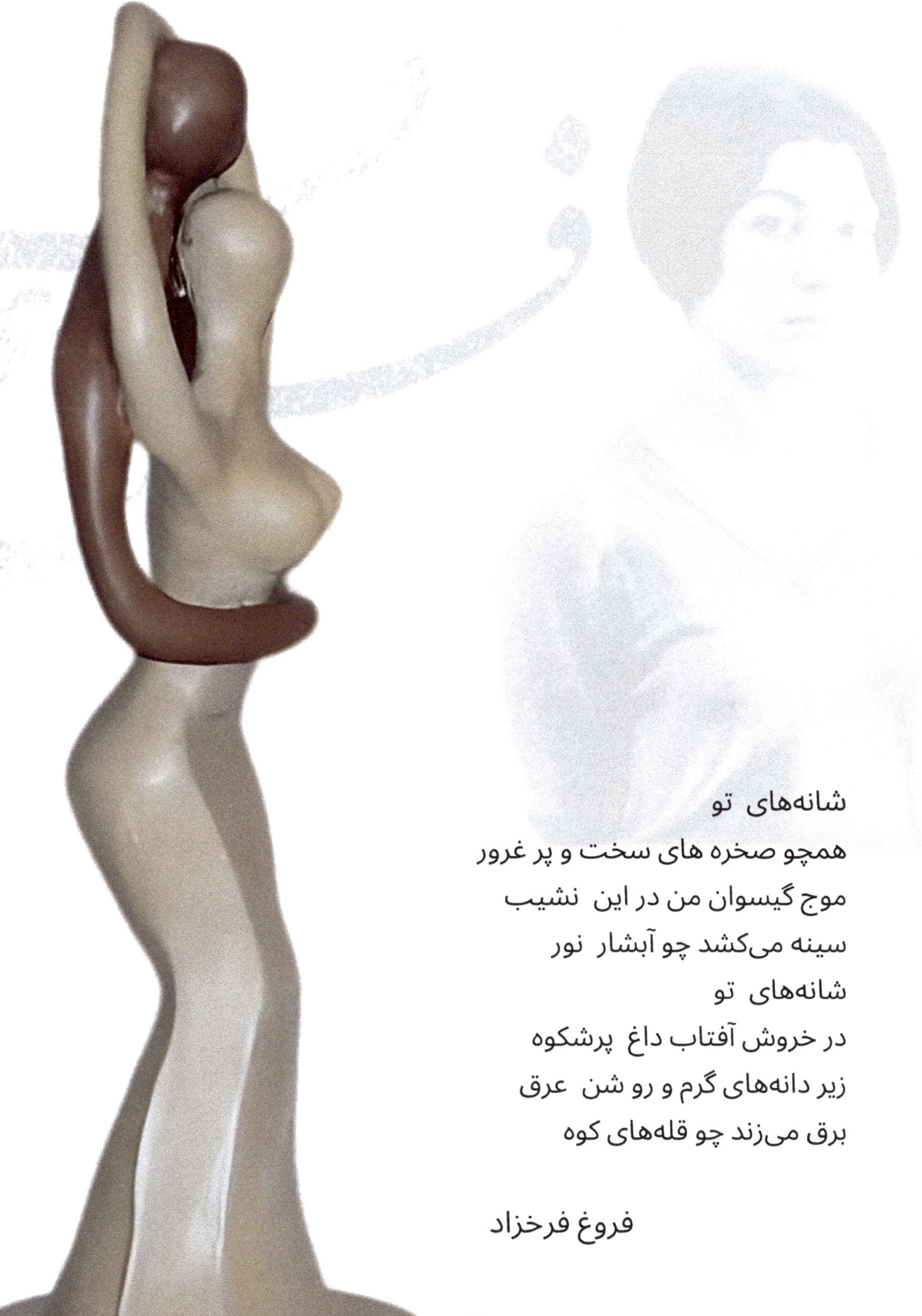

شانه‌های تو

همچو صخره های سخت و پر غرور

موج گیسوان من در این نشیب

سینه می‌کشد چو آبشار نور

شانه‌های تو

در خروش آفتاب داغ پرشکوه

زیر دانه‌های گرم و رو شن عرق

برق می‌زند چو قله‌های کوه

فروغ فرخزاد

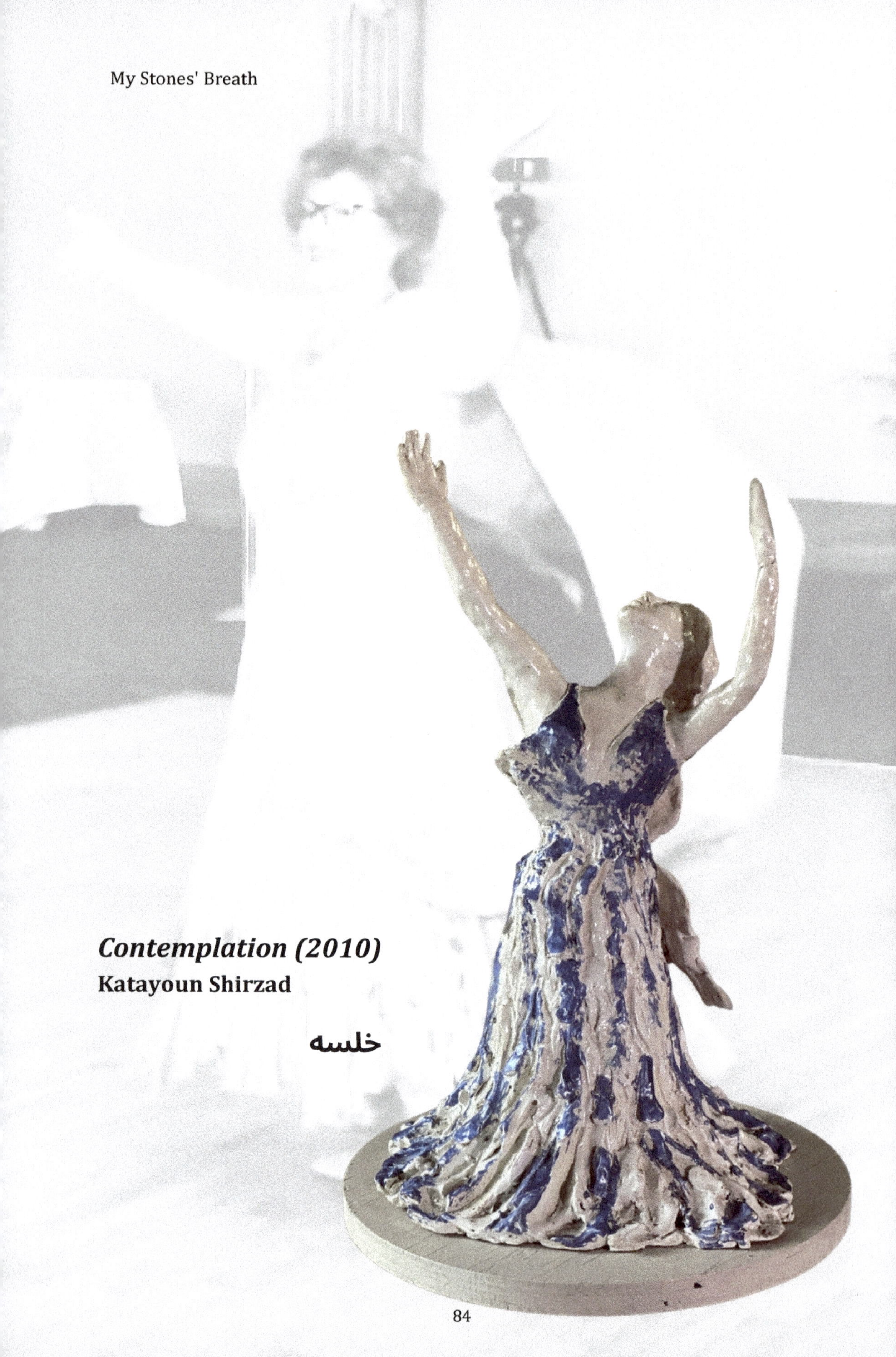

Contemplation (2010)
Katayoun Shirzad

خسله

Beyond the boundaries of existence, the spirit takes flight, it is freed.

" روح تسخیر ناپذیر "

آزاد کردن روح در تعادل زیستن، پرواز روح به ماورای مرز های وجود.

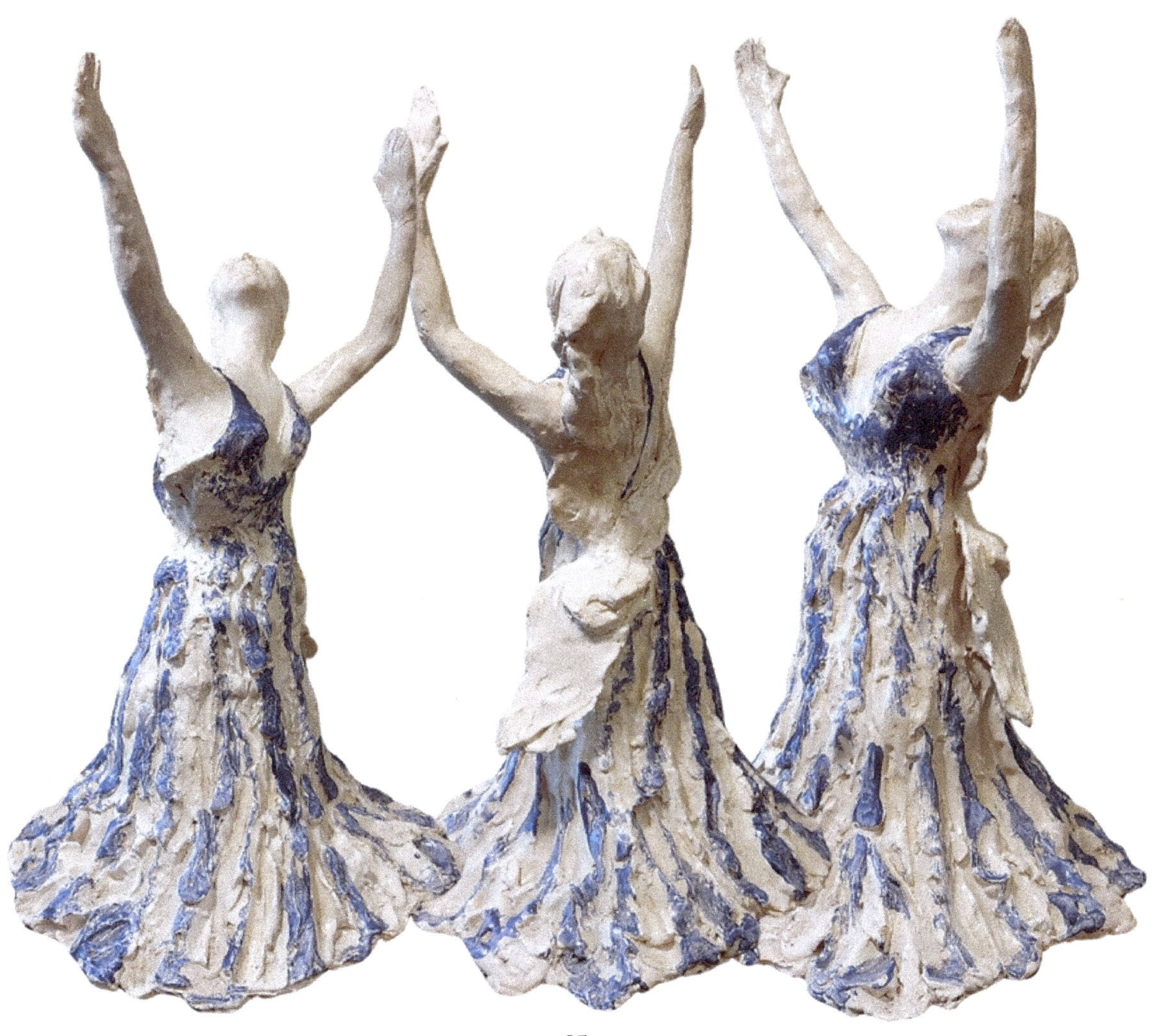

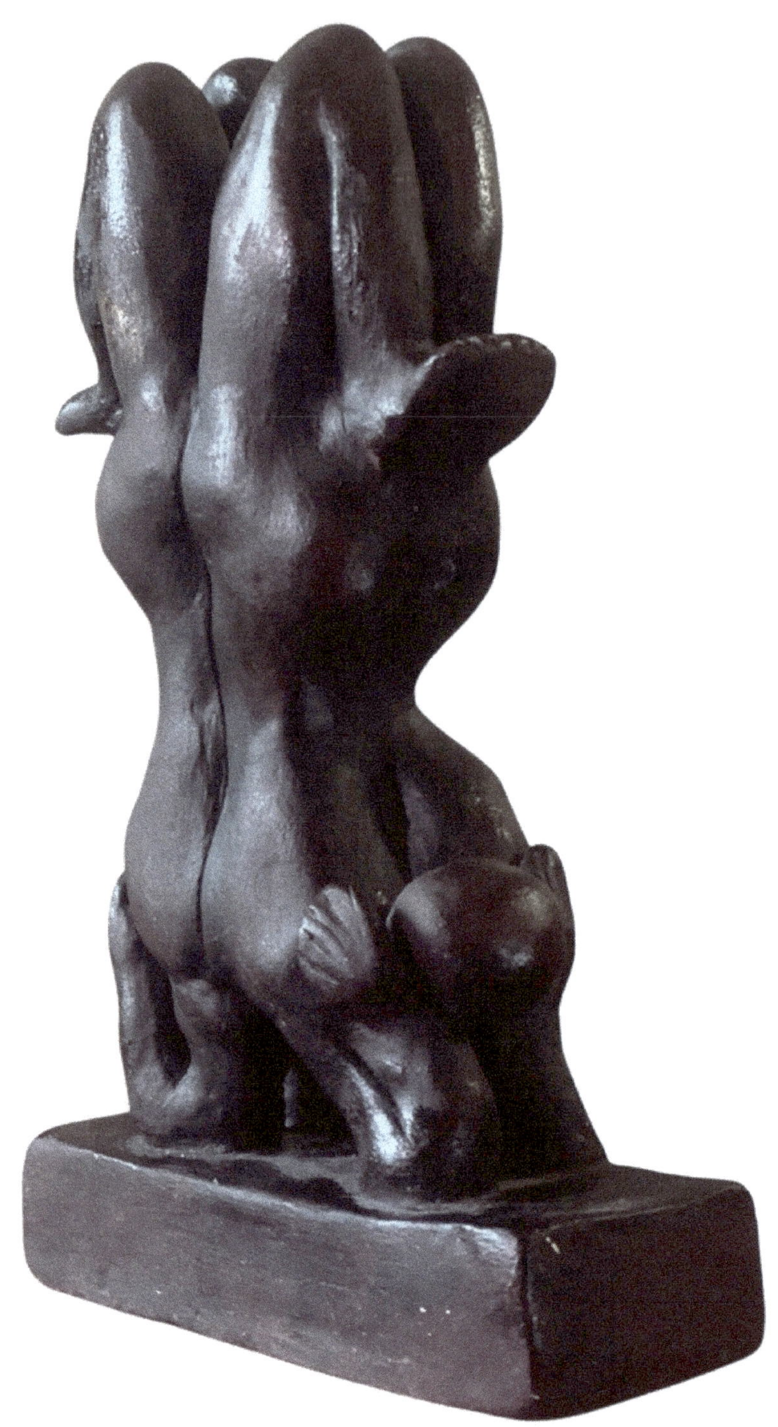

The Butterfly (2005)
Katayoun Shirzad

پروانه

A symbol of positive change, the butterfly represents joy and allure. In its rebirth from a resilient caterpillar to a winged beauty, it symbolizes a significant transformation of self, and its wings convey freedom and liberation.

The people of this world are like the three butterflies in front of a candle's flame. The first one went closer and said: I know about love. The second one touched the flame lightly with his wings and said: I know how love's fire can burn. The third one threw himself into the heart of the flame and was consumed. He alone knows what true love is.

-Attar Neishabouri, The Tale of the Three Butterflies,(5-6 century)

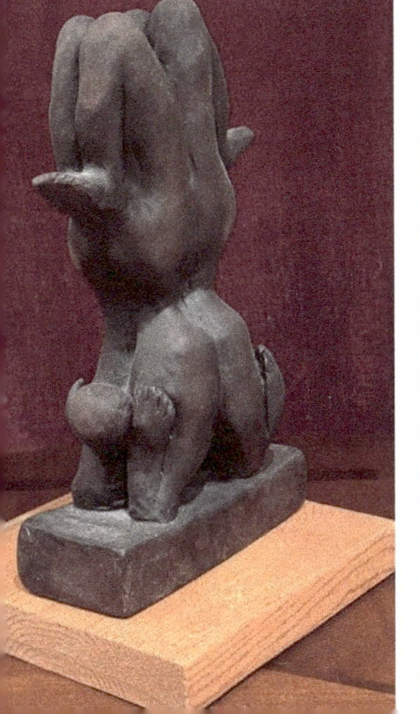 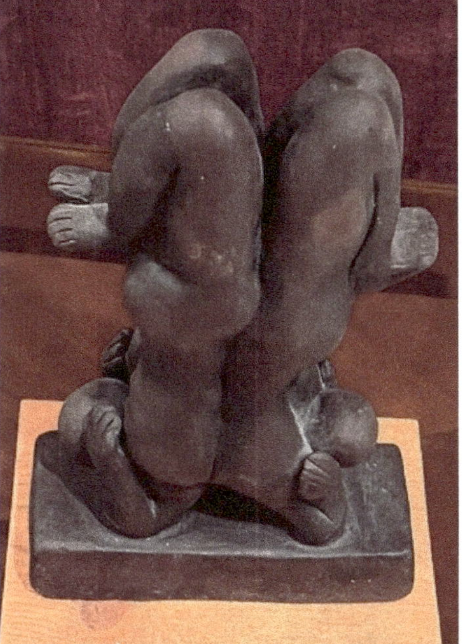 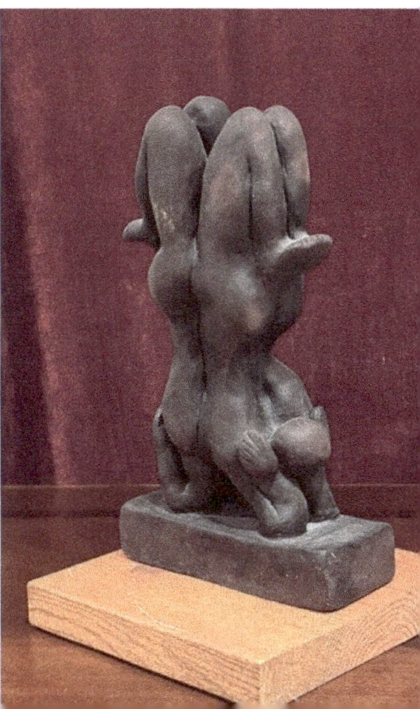

پروانه سمبل تغییر مثبت و شادی و زیبایی است. پروانه نماد تولدی دوباره و ایجاد تغییرات اساسی است و بال های پروانه حس رهایی و آزادی را به انسان منتقل می‌کنند.

عطار شعر حلاجی:

یک شبی پروانگان جمع آمدند   در مضیقی طالب شمع آمدند
جمله می گفتن می باید یکی   کو خبر آرد ز مطلوب اندکی
شد یکی پروانه تا قصری ز دور   در فضای قصر یافت از شمع نور
بازگشت و دفتر خود باز کرد   وصف او بر قدرفهم آغاز کرد.

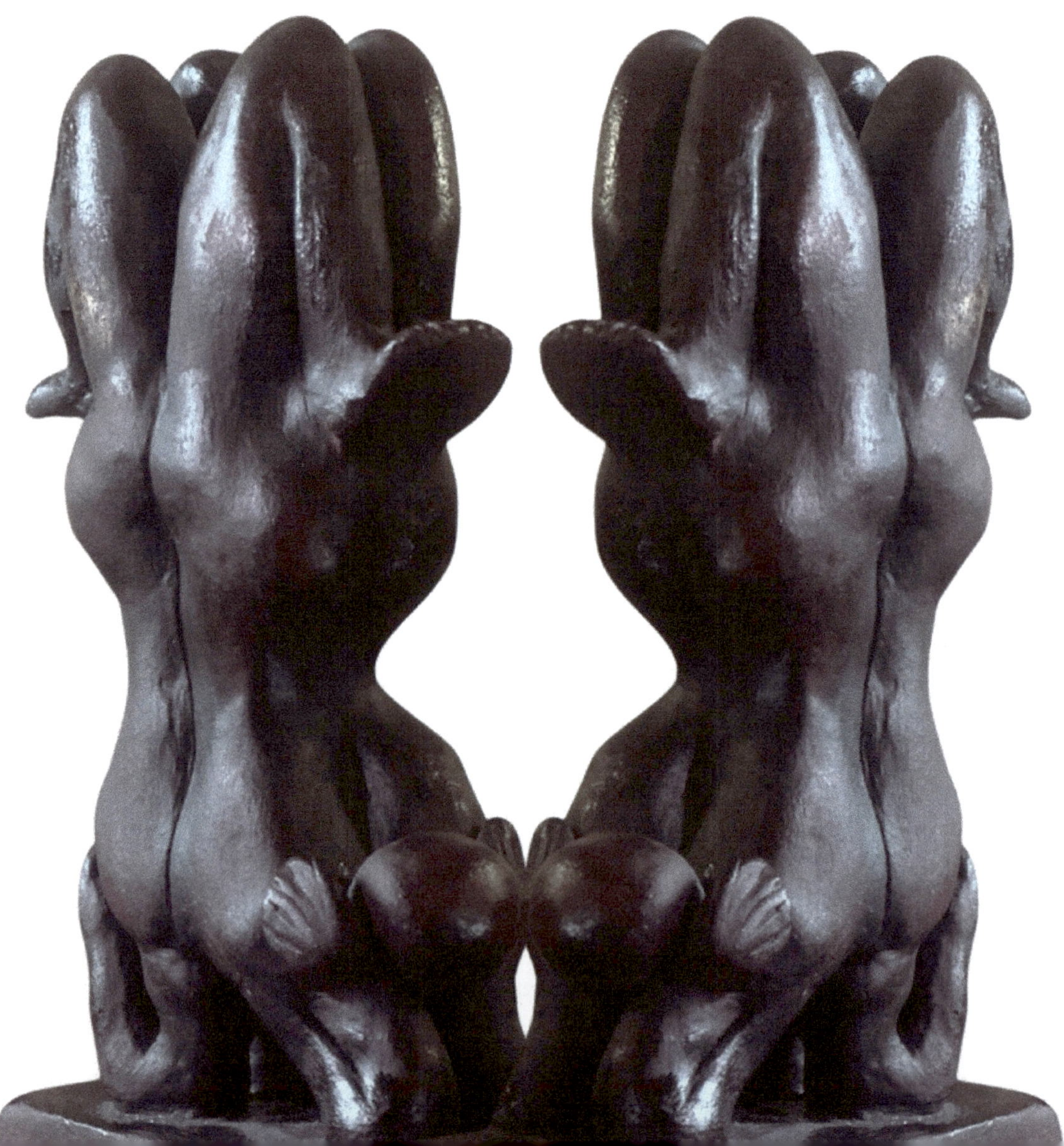

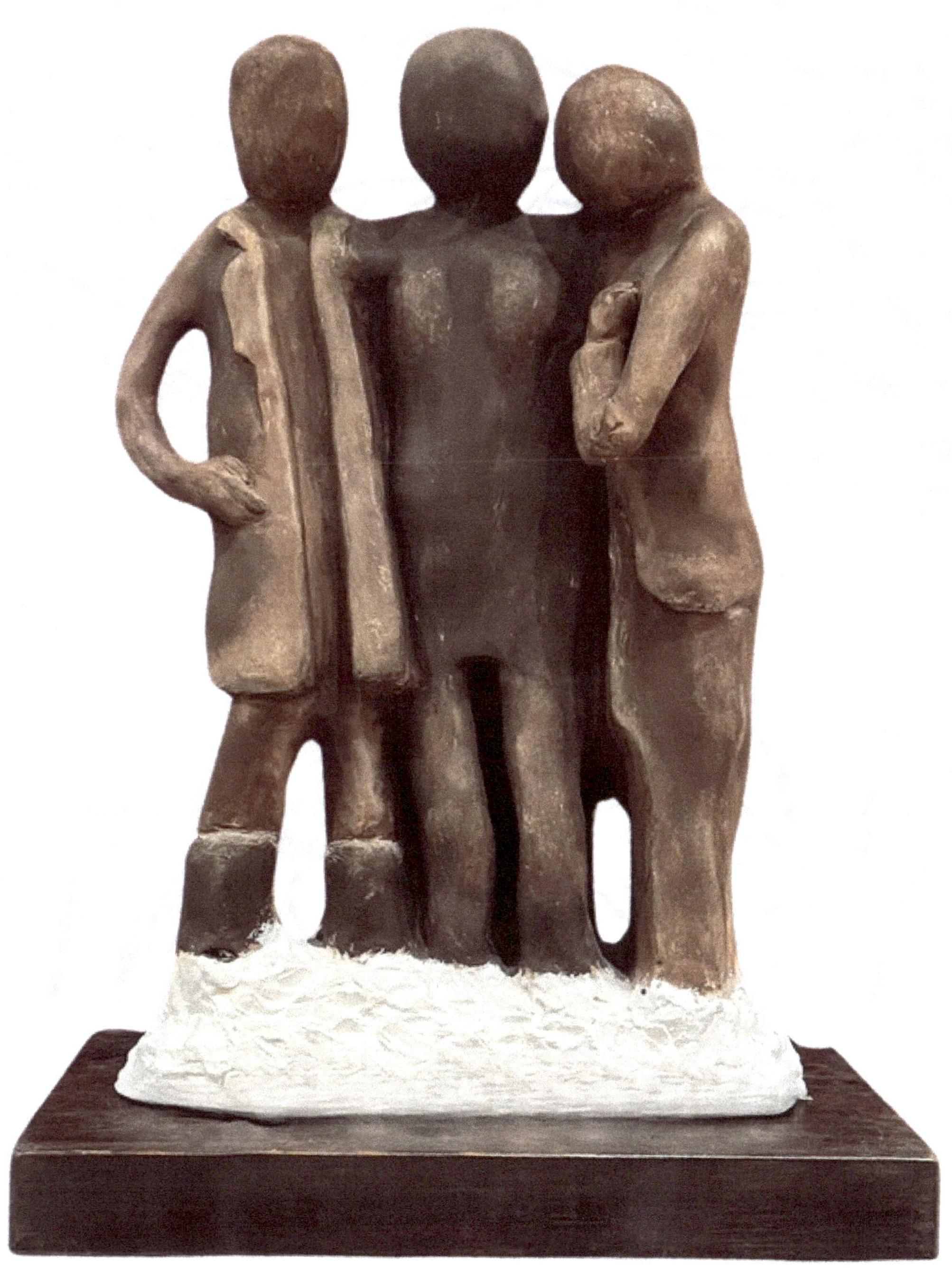

A Snowy Day (2009)
Katayoun Shirzad

یک روز برفی

The bond between siblings is unique to any other relationship and brings peace of mind to parents. Providing both a link to the past, and comfort for the future, brothers and sisters can be a sacred source of support and affection for each other. Sibling relationships, influenced by significant life moments and family dynamics, undergo complex changes. While these relationships can involve conflicts and tensions that challenge our well-being, they also offer an opportunity for personal growth, enduring support, valuable warmth, and a special form of companionship that evolves over time.

صمیمیت بین خواهر و برادر عامل آسـودگی خیال والدین می‌باشد خواهر و برادر می‌توانند منبع حمایت و مـحبت هـم باشند، روابـط خواهری و بـرادری متاثر از لحظات مهم زندگی، دستخوش دگرگونی‌های پیچیده‌های می‌شود در حالی که این روابط می تواند درگیری‌ها و تنش‌هایی را در بر داشـته باشد که رفاه ما را به چالـش بکشد، اما حـمایت پایداری را به هـمراه دارد و گـرما و همراهی ارزشمندی را نیز ارائه می‌دهد که در طول زمان، تکامل می‌یابد.

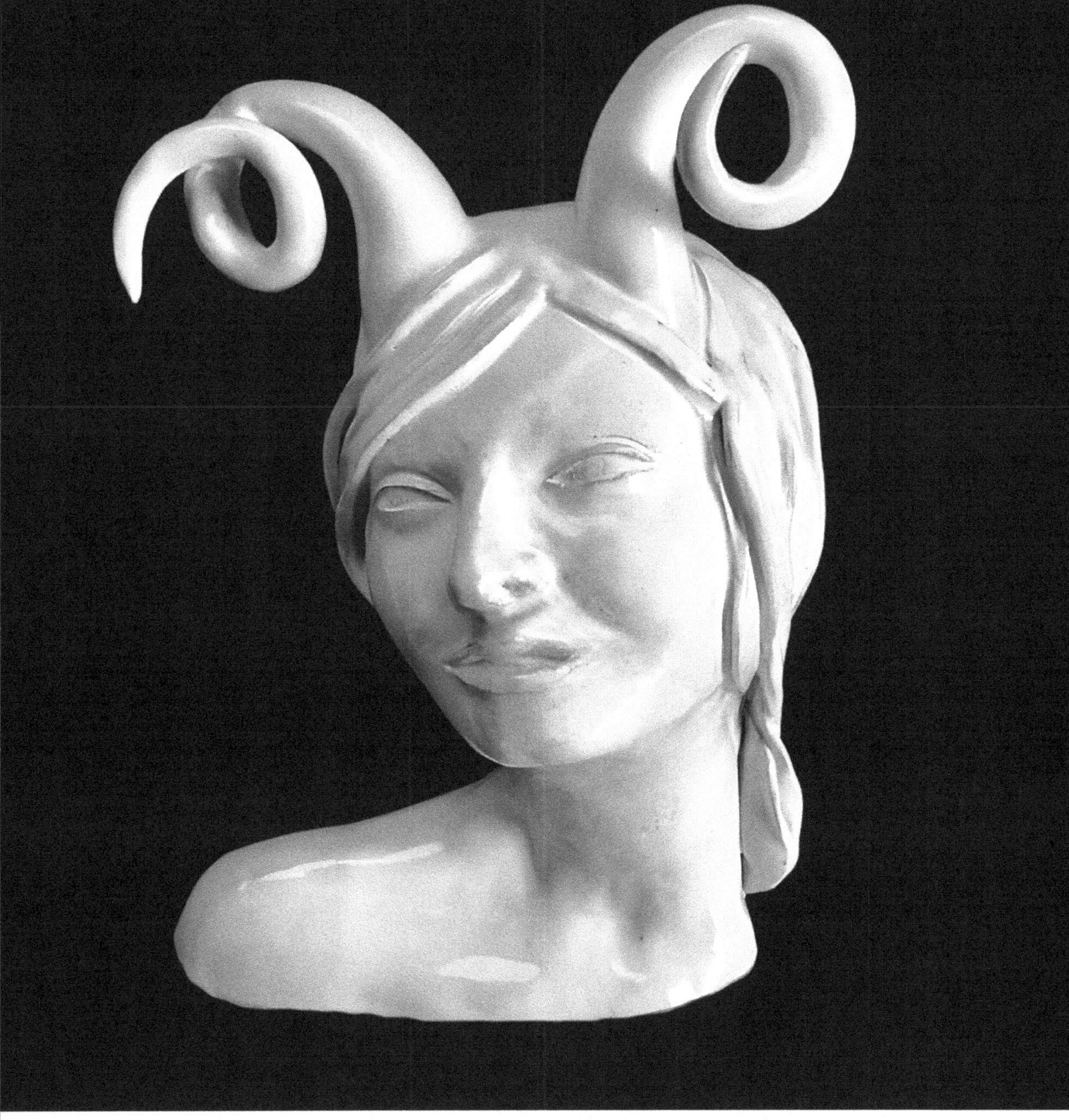

Stag (2012)
Katayoun Shirzad

Representing humility, spirituality, guardianship and majesty, the stag and its antlers have long beenpopular symbols in many cultures. Graceful and ethereal, while the stag is the target of many predators, it remains brave and resilient through adversity. Upon encountering an awe-inspiring stag in nature, one can easily understand why our ancestors held such regard for stags, and why they have been so deeply integrated into paintings, sculptures, poetry, and music.

Alongside the arts, stags have been used as symbols and flags by many rulers and governments. Images of stags and rams from the Achaemenid, Sasanian, and ancient Persian periods have survived on seals and appear as designs on golden goblets and Sasanian period fabrics. In the Achaemenid period, these designs depict scenes of heroism and royal splendour, with stags appearing on silver goblets. In ancient Persia, kings placed stag antlers above their thrones to signify the grandeur and magnificence of their rule.

Similarly, in East Asian cultures the stag is a symbol of agility, longevity, and dignity. Many beliefs regard stags as a virtue of physical strength and running power, and a representation of the sun, cattle, and agriculture. Stag antlers are also associated with the crescent moon and the belief that wherever there are stags, there is also water. For Hindu, European, and Central Asian peoples, the stag is a sacred animal, and in many of their artistic works, the stag and its antlers serve as inspiration.

If you seek the essence of your existence, ask the stag within you to guide you.
-Unknown

شاخ گوزن؛ نماد قدرت، شکوه، جلال و بزرگی، عشق، زیبایی، سرعت، تواضع، معنویت، خلاقیت و نگهبانی است و مجسمه‌های سر این حیوان و شاخهایش به خاطر یاد آوری همین ویژگی‌ها همیشه در میان انسان‌ها، محبوبیت فراوانی داشته است و حتا از شاخهای گوزن به عنوان نماد و پرچم خیلی از حکومت‌ها استفاده شده است .

اگر در طبیعت با گوزن روبرو شویم، برای لحظه ای با دیدن شکوه و ظرافت حرکاتش بر جای میخکوب می‌شویم.

گذشتگان ما به گوزن نظری خاص داشتند و آن را وارد عالم هنر،شعر و موسیقی کردند و باور داشتند، اگر می‌خواهی به گوهر وجودت دست‌یابی از گوزن درونت سوال کن"تا تو را به آن برساند !"

نگاره‌های گوزن و قوچ از دوره ی اشکانی و ساسانی و ایران باستان بر جا مانده است که بر روی مهرها، یا به صورت اشکالی روی ساغرهای طلایی است و همچنین بر پارچه‌های دوره ساسانی نقش بسته است.

در دوره‌ی اشکانی می‌بینیم که این نقش‌ها تجسم صحنه‌های دلاوری و فرّ پادشاهی است و بر ساغرهای نقره ایی به شکل گوزن ظاهر می‌شود.

در ایران باستان پادشاهان برای نشان دادن شکوه و عظمت حکومت خود بر بالای تخت پادشاهی شان شاخ گوزن می‌گذاشتند.

در کشور های آسیای شرقی گوزن مظهر تیز پایی و طول عمر با وقار است و در باورهای اساطیری گوزن نماد نیروی بدنی و قدرت در دویدن می باشد شاخ های گوزن نماد خورشید بوده و اغراق و بزرگنمایی در نمایش شاخ ها بیانگر گله داری و کشاورزی است شاخ های گوزن با هلال ماه در ارتباط بوده و هرجا که گوزن هست آب هم هست .

برای اقوام هندو و اروپایی و آسیای مرکزی گوزن حیوان مقدسی بوده و در بیشتر آثار هنری شان آنها از نماد گوزن و شاخ هایش الهام گرفته اند.

انگیزه آفرینش این تندیس را بانویی به من داد که با گوزن و نمادهای ارزنده ش ارتباط حسی فراوانی داشت و گوزن همچنین مظهر ماه تولدش هم هست.

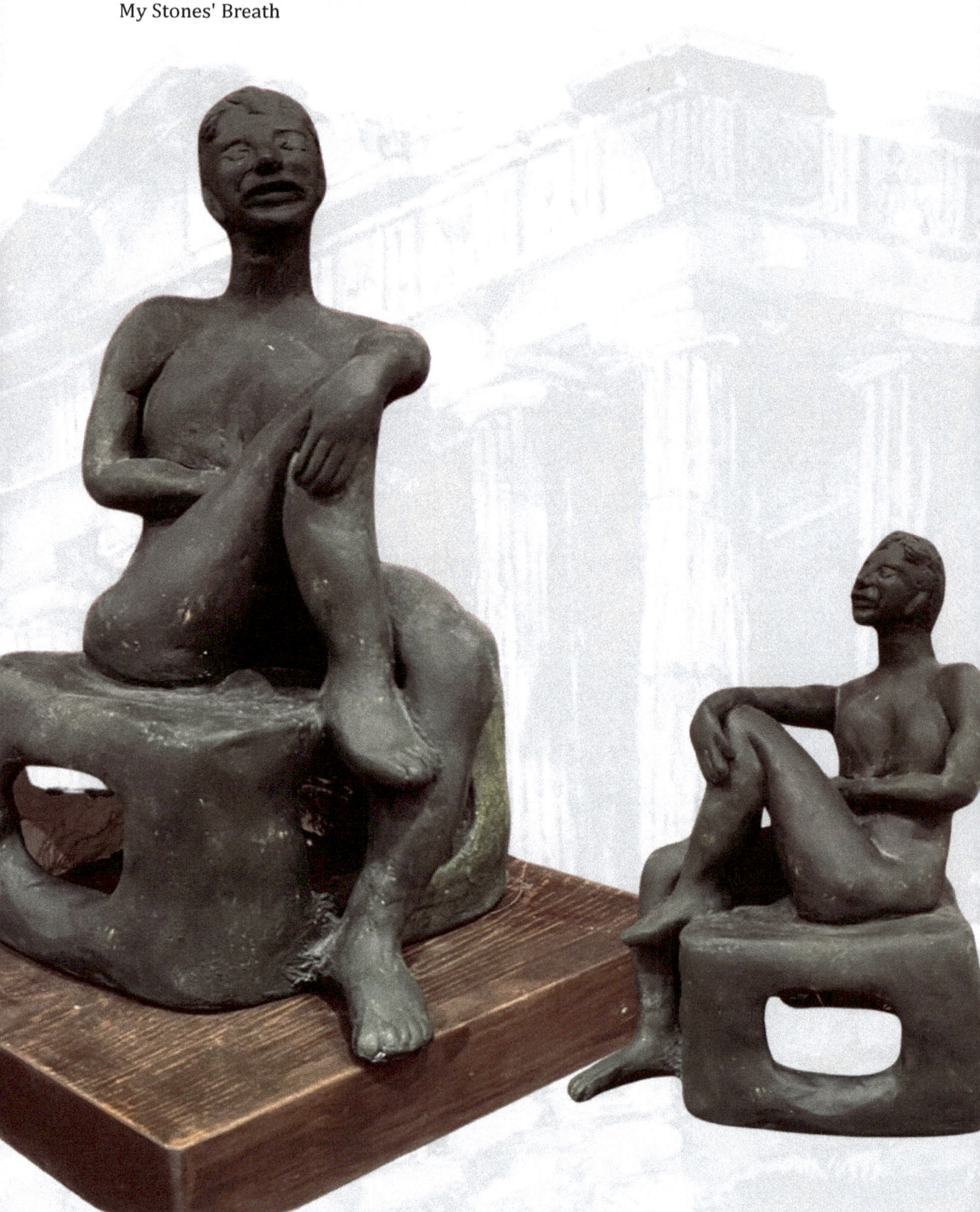

Amour (2010)
Katayoun Shirzad

عشق

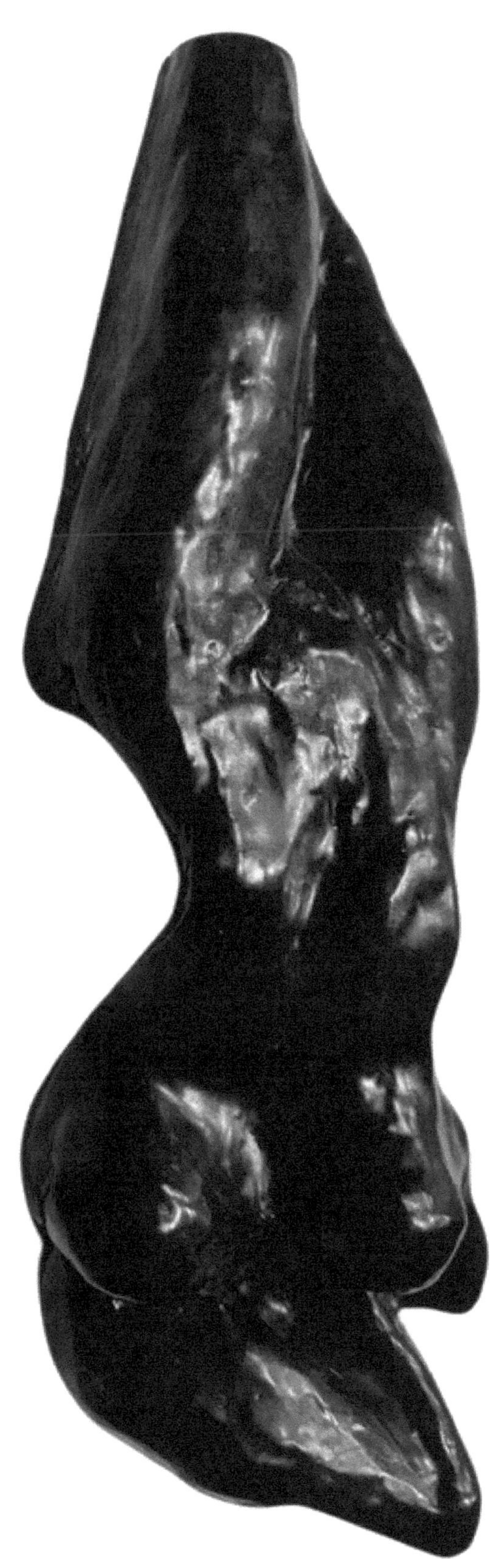

Lady (1998)
Katayoun Shirzad

زن

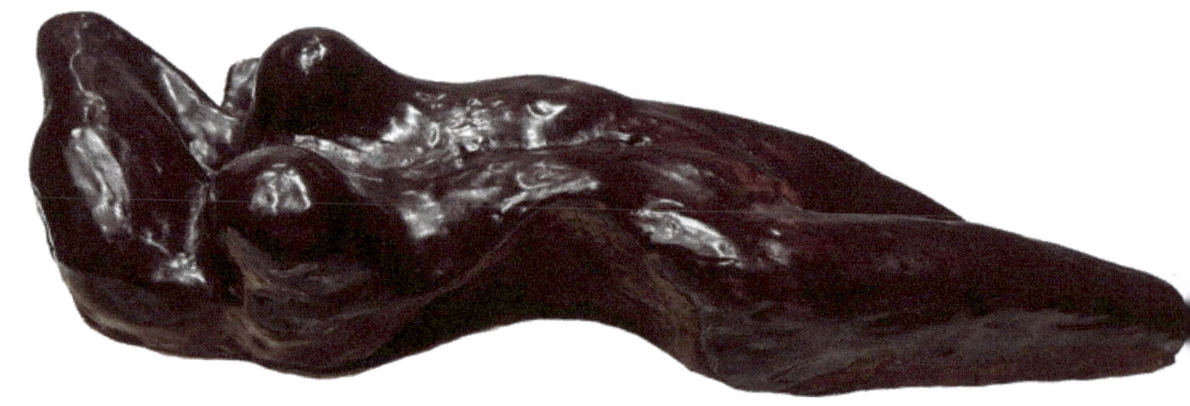

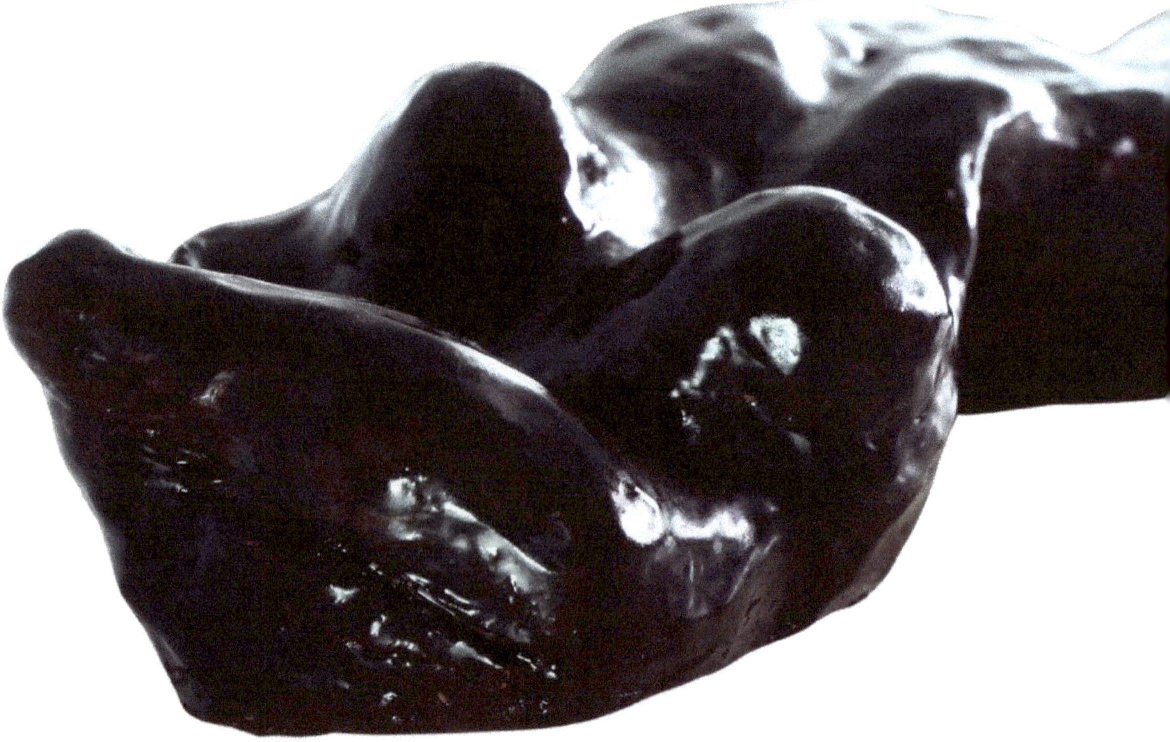

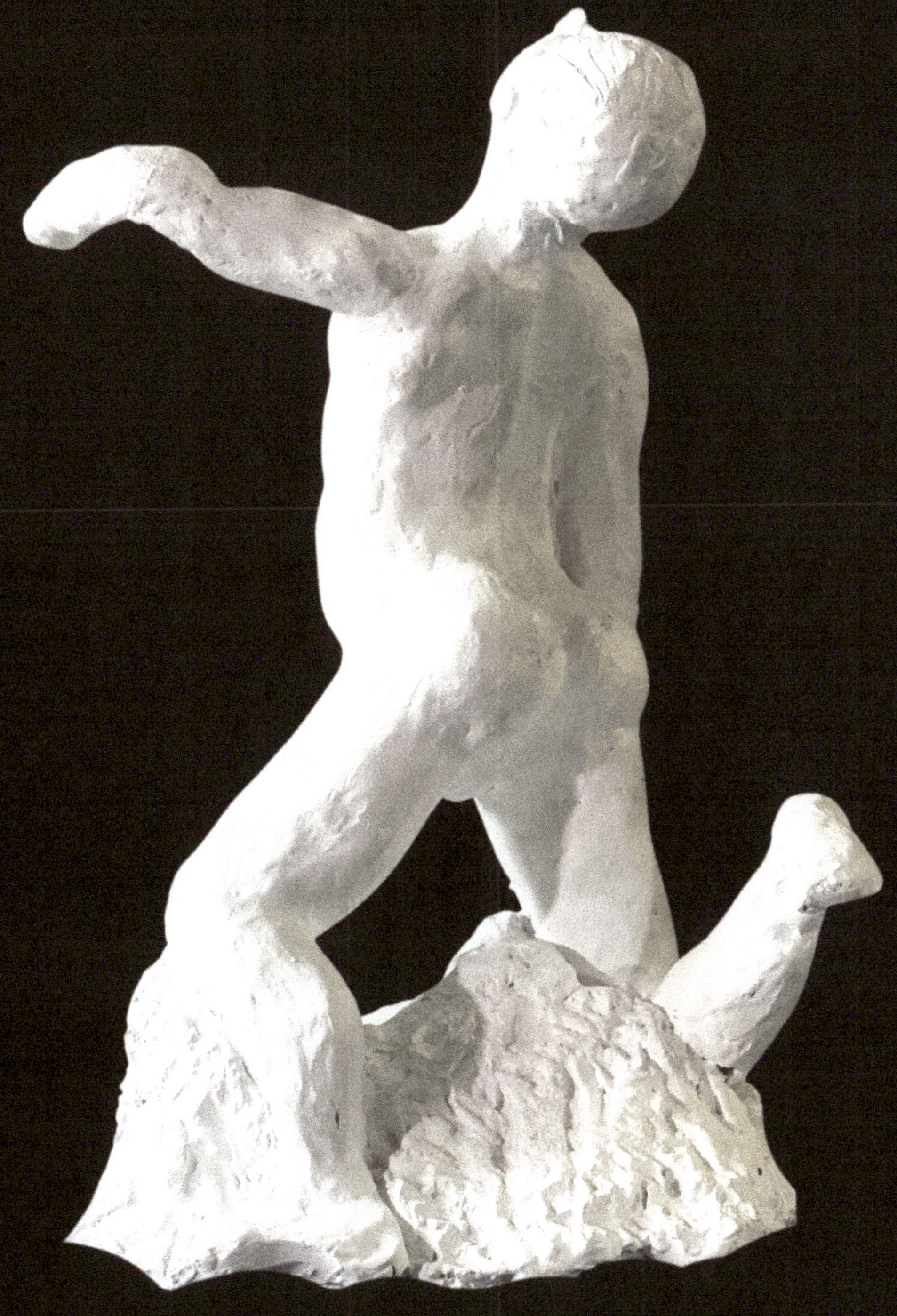

Amor (2010)
Katayoun Shirzad

عشق

My travels through Greece inspired a newfound appreciation for the ancient Greek culture and its unique reverence for nudity. Nudity was not merely a state of undress but a profound reflection of their values and beliefs. They embraced the naked human form as a divine creation, mirroring the gods themselves. Ancient Greeks sought a deeper connection to the divine by commonly remaining nude when working, dancing, and exercising. Nudity was regarded as a virtue, and with education as the cornerstone of their culture, the Greeks established gymnasiums as places to elevate both the body and mind. This is in stark contrast with many of the world's cultures today, where nudity is viewed as taboo.

Still, even if the reverence for nudity is less accepted today, the nude body remains its most natural form, and continues to be celebrated in both the modern and ancient worlds of art. Within poetry, sculptures and paintings, nudity has continued to remain a symbol of contemplation and introspection. It represents the artist's ability to elevate the human experience and express deeper truths about beauty and existence.

These three works capture human beings in their proud natural form.

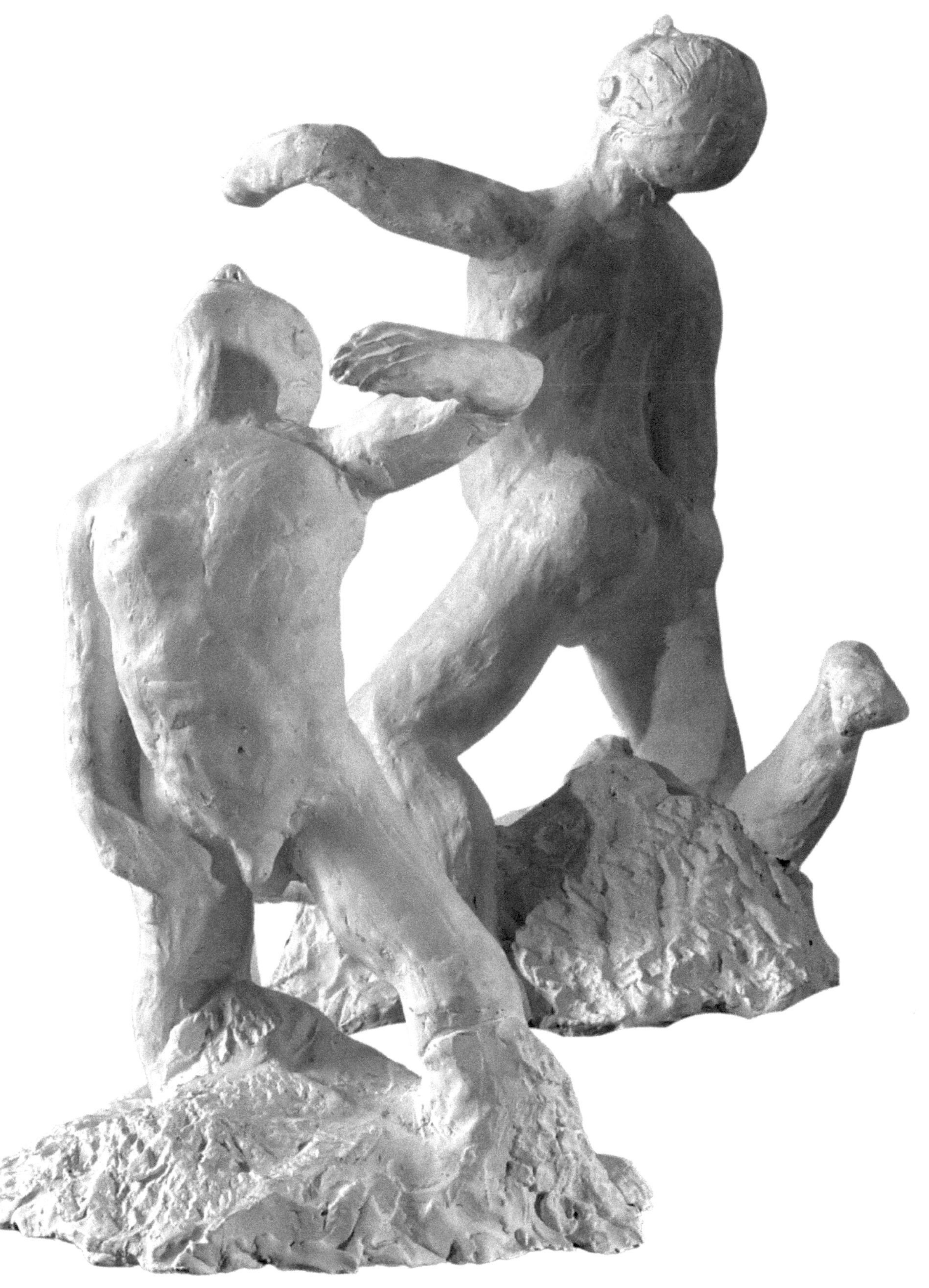

Katayoun Shirzad

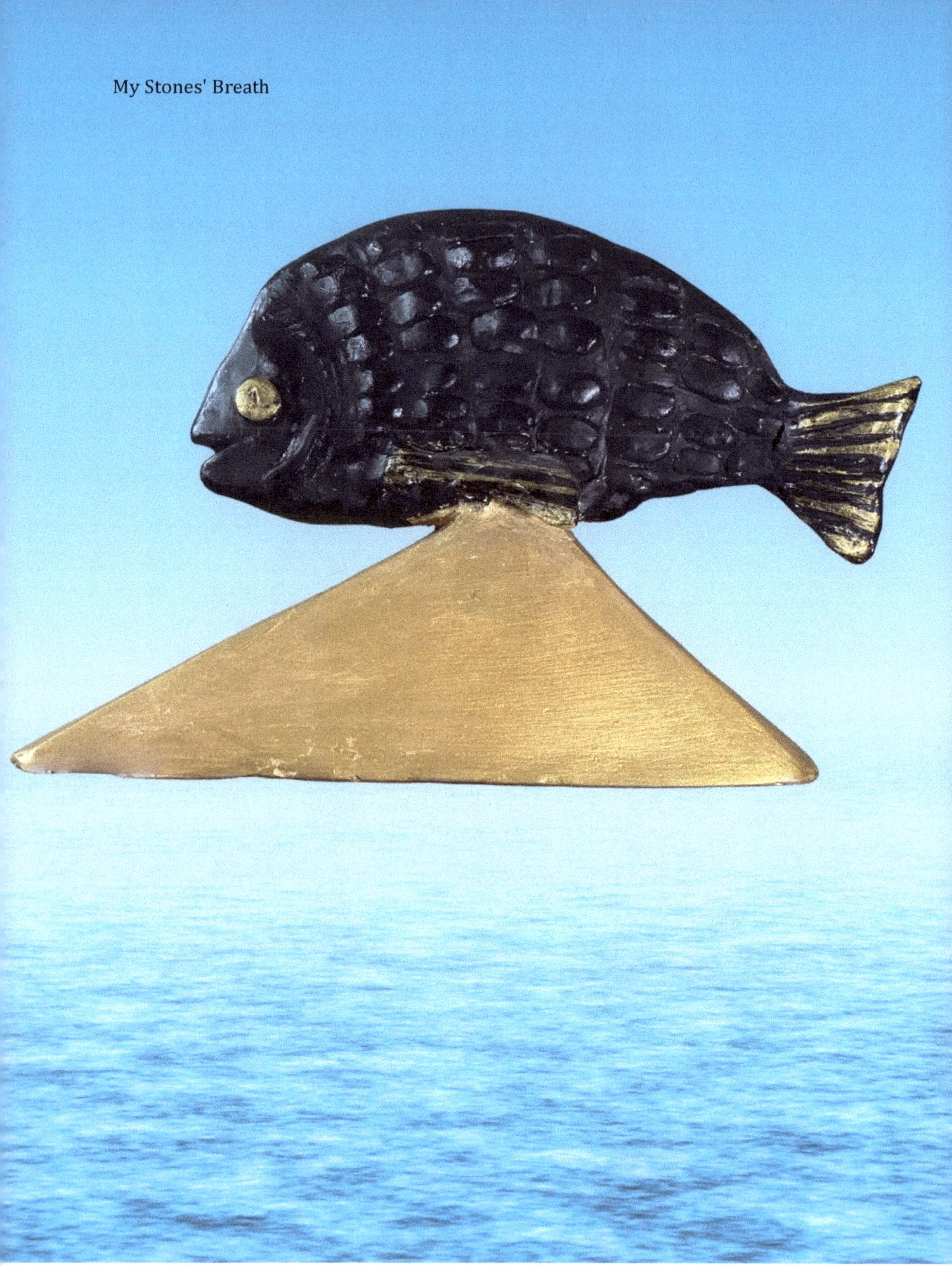

The Little Black Fish (1999)
Katayoun Shirzad

ماهی سیاه کوچولو

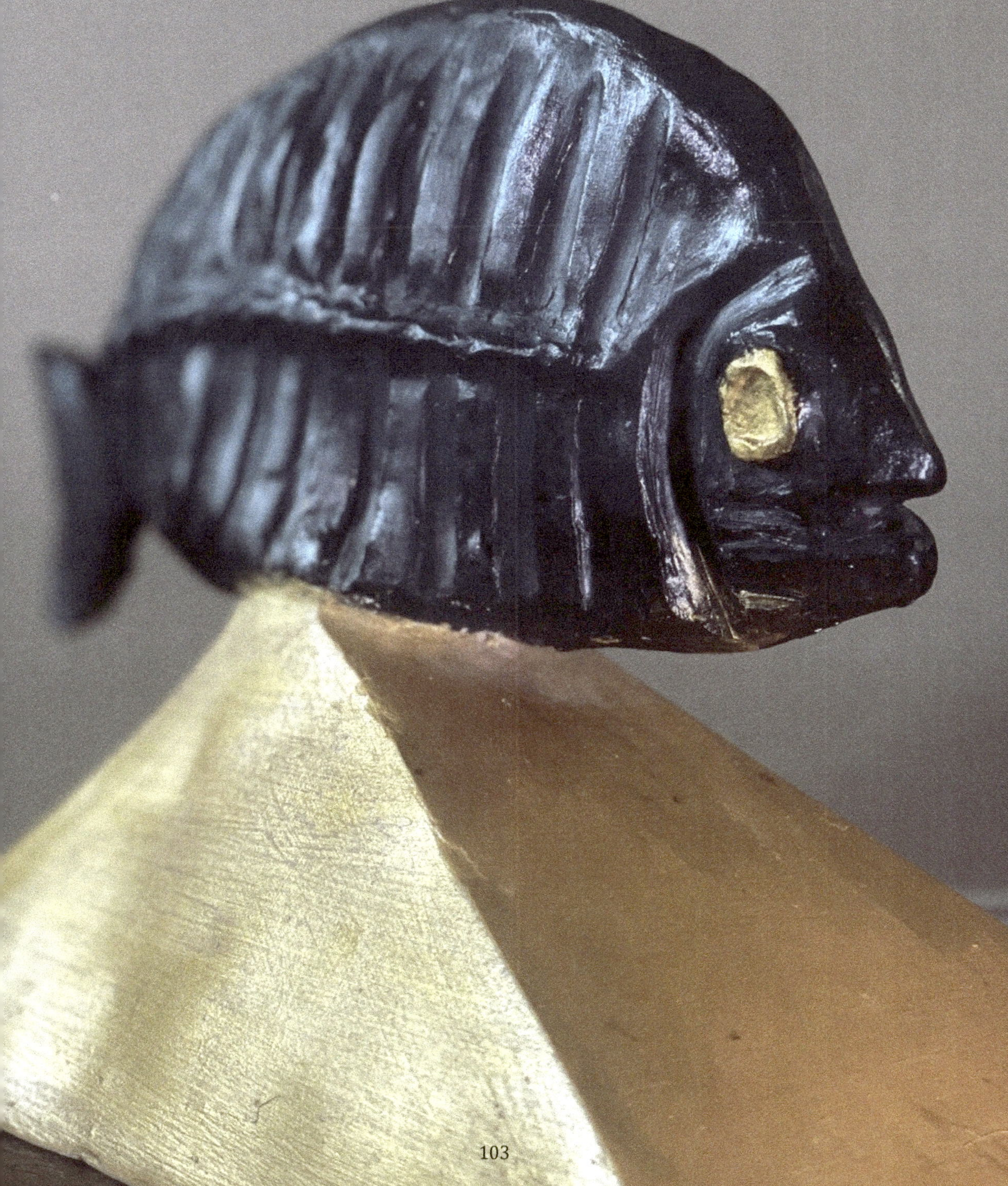

The Little Black Fish by Samad Behrangi (1967) is a beloved story about bravery and adventure, written amid Iran's social and political changes. It tells the tale of a little fish who lives under a ceiling of moss that blocks his view of the moon. Keen to learn and explore, he is saddened that he can't experience the enigmatic sights of the world. One morning, the little fish tells his mother, "I want to see where the stream ends, because everything ends, doesn't it?"

Concerned, his loved ones try to dissuade him from pursuing his plan, but the little fish sets off to explore the unknown. The path of the little fish leads down a waterfall, along a river, into the open sea, and he meets many new friends and predators along the way. Now leaps and bounds away from safety, the fish suddenly finds himself and a few others in a shark's stomach. The others were devoid of hope for survival, but the little fish, always courageous, steps up to lead them out to safety together as a united team. The little black fish, once just a dreamer, becomes a hero and an example for others.

ماهی سیاه کوچولو

ماهی کوچکی است که به عشق دیدن دریا و شناختن دنیای پیرامونش، از خانواده و دوستانش جدا می‌شود و به سفر می‌رود. شجاعت و شهامت ماهی سیاه کوچولو در سفرش، نقطه‌ی محوری داستان است.

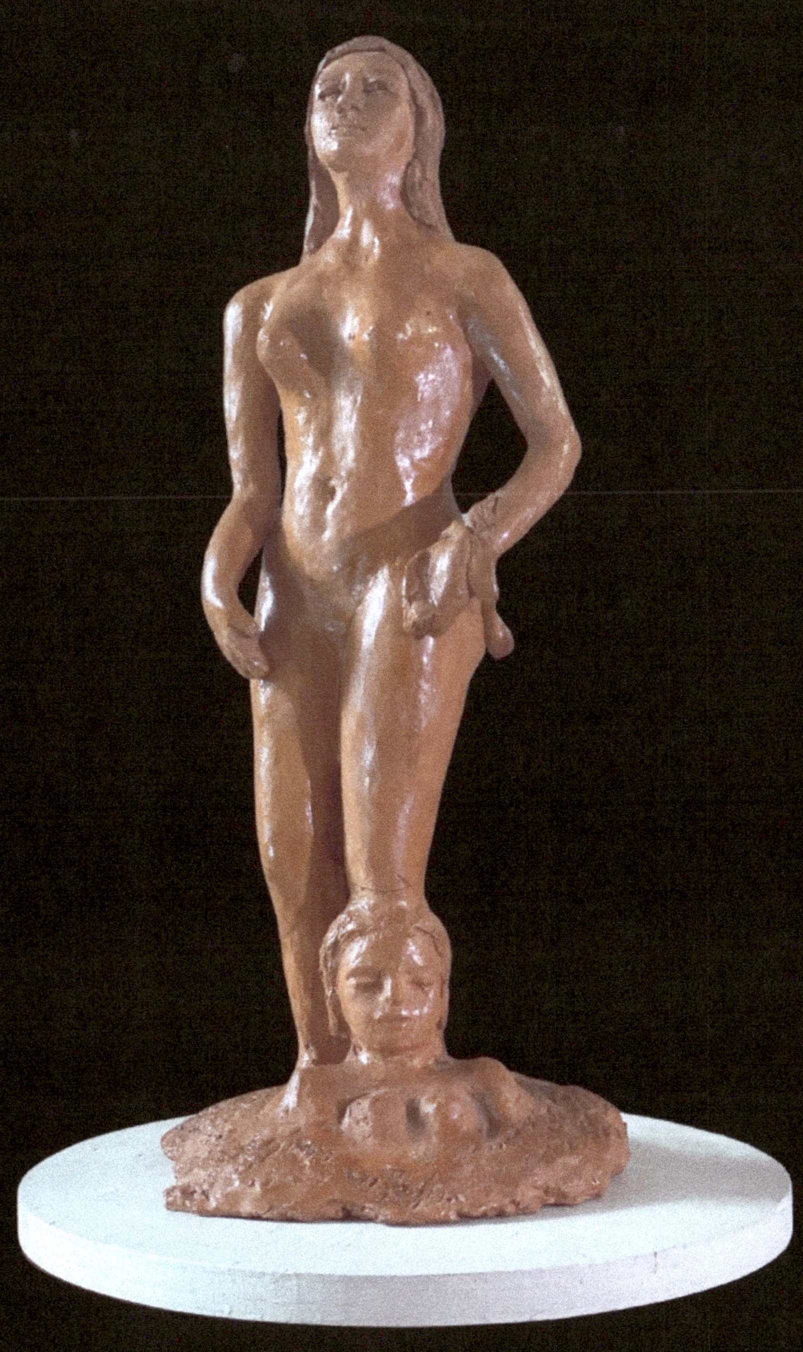

Supporter (1998)
Katayoun Shirzad

حامی

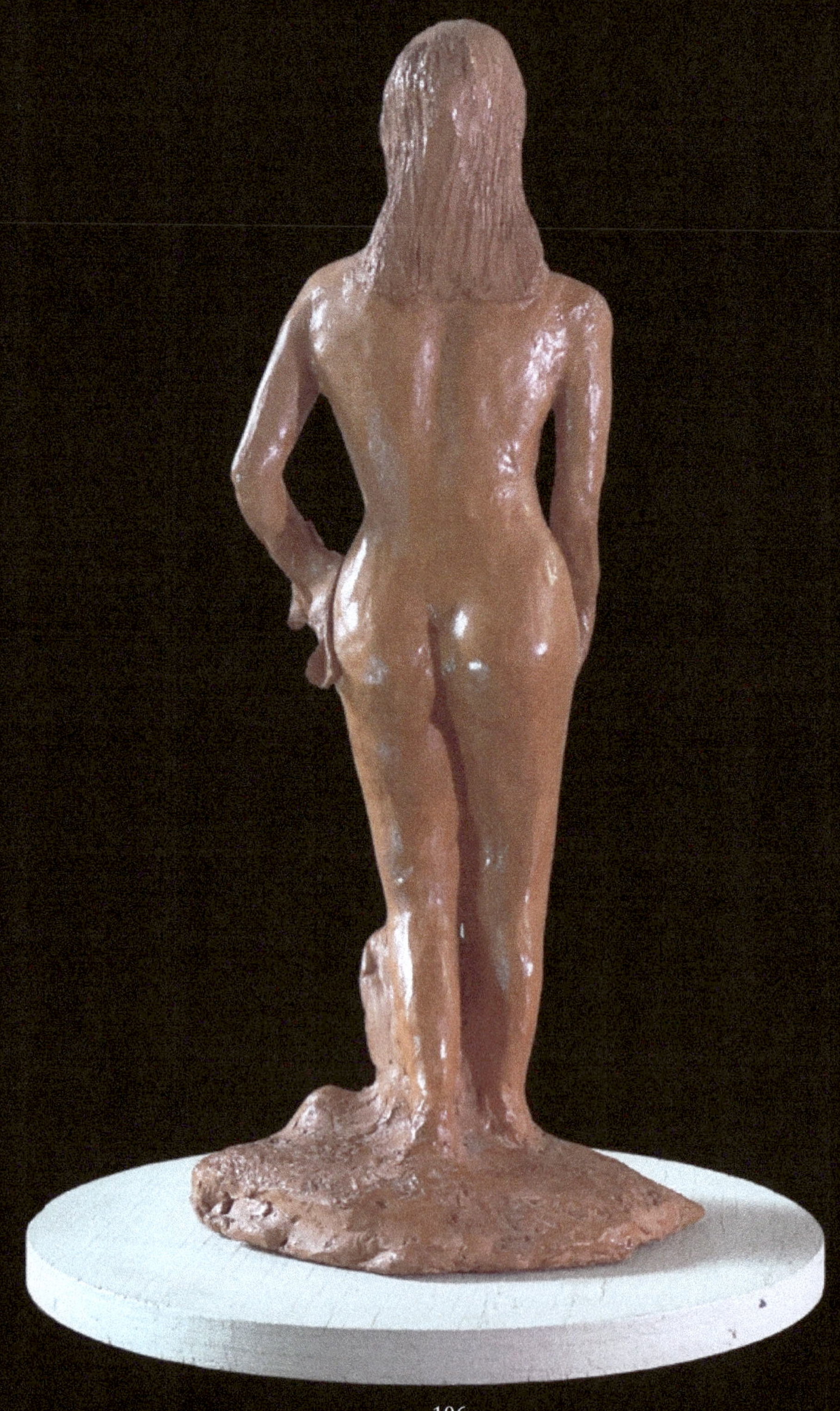

This sculpture represents the reciprocal and supportive relationship of sisterhood.

Our union is like this: If you feel cold I would
reach for a blanket to cover our shivering feet.

If a hunger comes into your body I would run
to my garden and start digging potatoes.

If you asked for a few words of comfort and
guidance I would quickly kneel by your side
and offer you a whole book . . . as a gift.

If you ever ache with loneliness so much
you weep, I would say,

Here is a rope, tie it around me, Hafiz will be
your companion for life.

-"Companion for Life", Hafiz,
translated by Daniel Ladinsky

خواهر یعنی کسی که وقتی هست آروم باشی و وقتی نیست چیزی توی زندگیت کم باشه، خواهر یعنی اون جمله های ساده و بی منظوری که میگی و خیالت راحته که ازش هیچ سوء تعبیری نمیشه، خواهر یعنی یه دل اضافه داشتن برای اینکه بدونی هر بار دلت می گیره یه دل دیگه هم دلتنگ غمت میشه، خواهر یعنی تو همیشه عزیزی خواهر یعنی یه راه دو طرفه، یه قدم من یه قدم تو؛اما بدون شمارش، خواهر یعنی یه تکیه گاه همیشگی، خواهر یعنی کسی که همیشه پشتته حتی اگر اشتباه کرده باشی، خواهر یعنی اشکاتو غریبه پاک نمی کنه، خواهر یعنی نفس، خواهر یعنی مهربون بودن، خواهر یعنی درد دل خوب گوش دادن، خواهر یعنی تو هر شرایطی کنارت بودن.

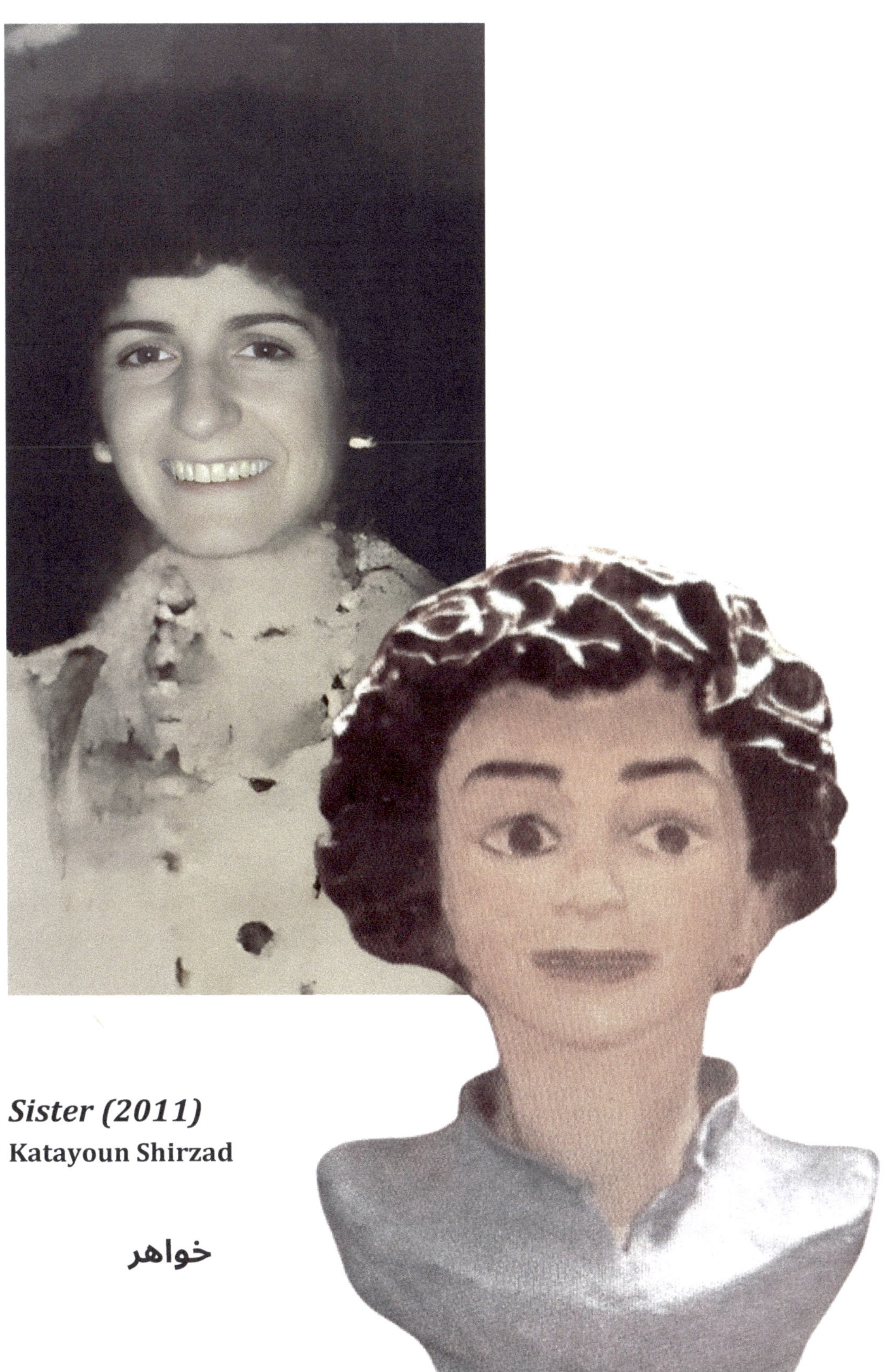

Sister (2011)
Katayoun Shirzad

خواهر

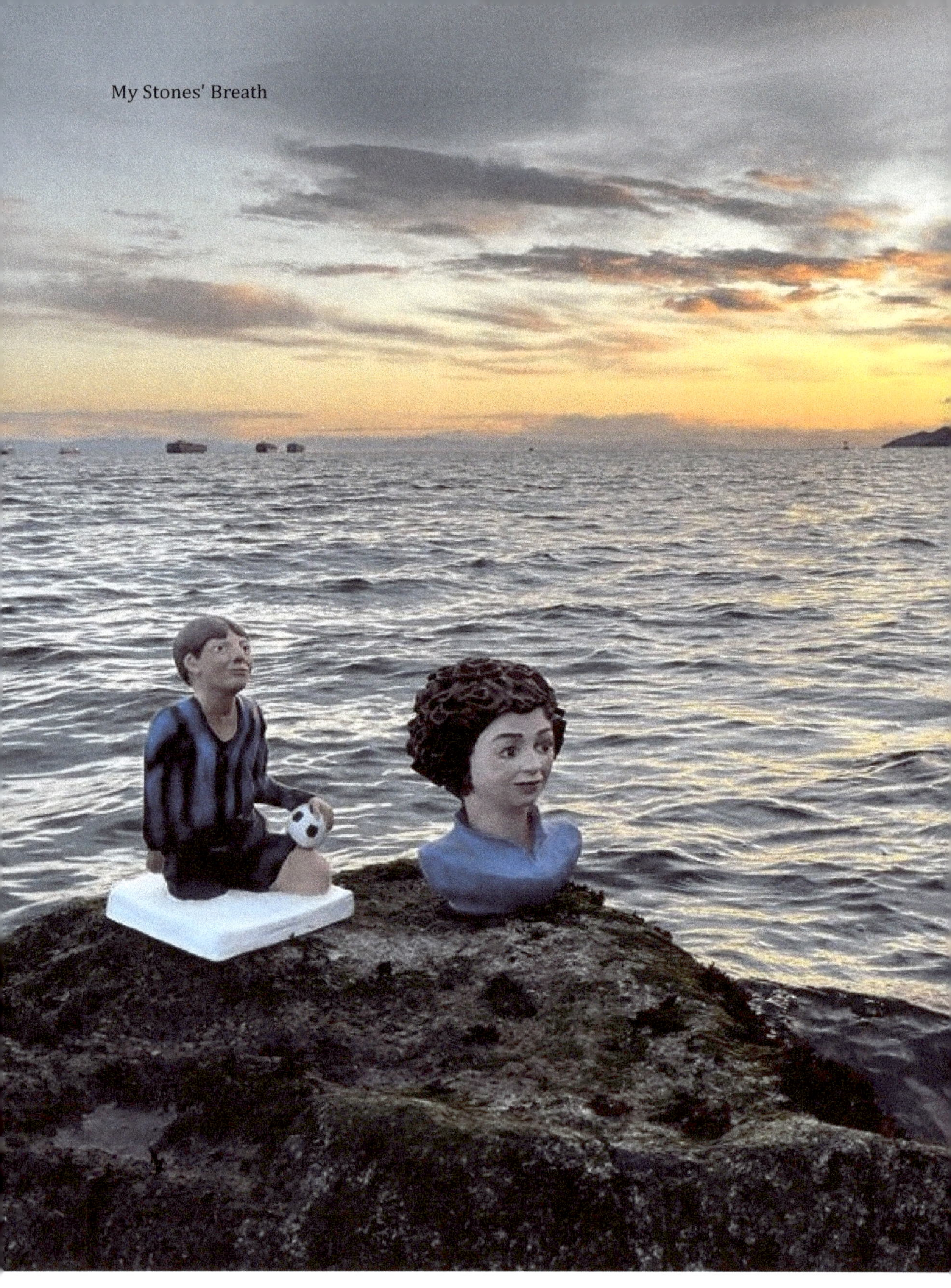

Divine Justice (2011)
Katayoun Shirzad

عدالت هستی

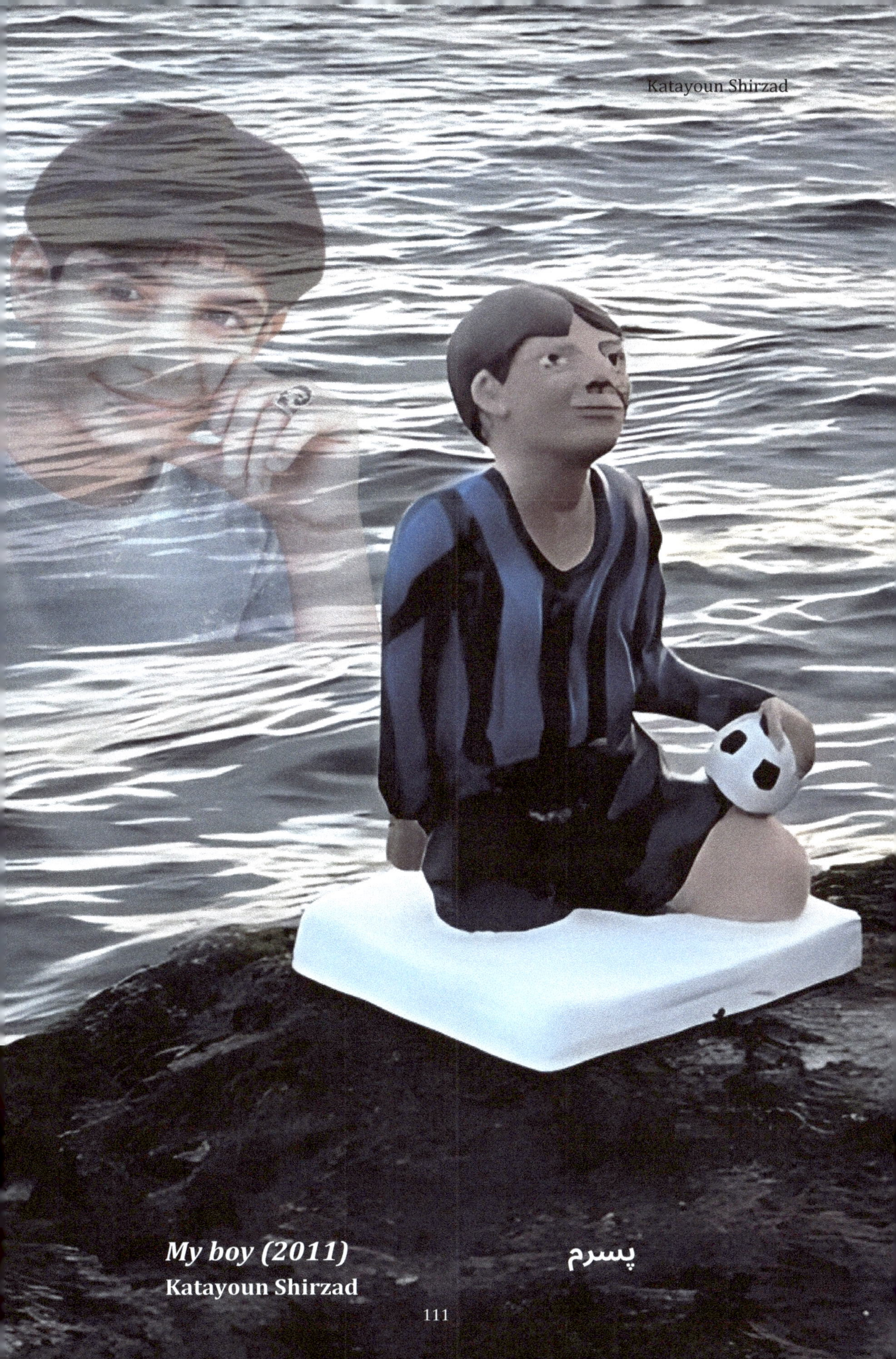

My boy (2011)
Katayoun Shirzad

پسرم

I died as mineral and became a plant,
I died as plant and rose to animal,
I died as animal and I was human,
Why should I fear? When was I less by dying?

-Rumi

از جمادی مردم و نامی شدم
وز نما مردم به حیوان برزدم
مردم از حیوانی و آدم شدم
پس چه ترسم کی ز مردن کم شدم؟

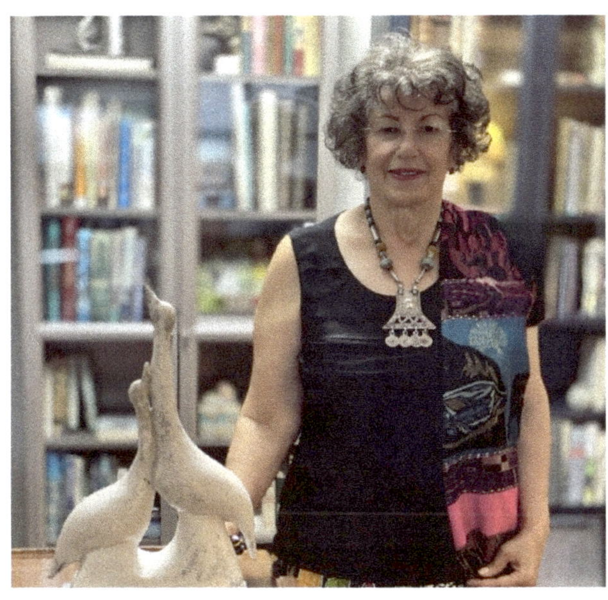

Also published by Katayoun Shirzad:
The Little Black Fish by Samad Behrangi
English Translation (1978)
About Simone de Beauvoir (1986)
Parsoua, the Voice of Persian Women (2000)
Bonding Dynamics for Thriving Relationships, Series 1 (2018)
Bonding Dynamics for Thriving Relationship, Series 2 (2020)
My Journey of the Heart (2021)

کتابهای همین نویسنده:
برگردان به انگلیسی، ماهی سیاه کوچولو نوشته صمد بهرنگی. ۱۹۷۹
در باره سیمون دو بوار ۱۹۸۶
پارسوا، صدای زن ایرانی. (۲۰۰۰)
پویایی در پیوند مهرآمیزا
پویایی در پیوند مهرآمیز۲
سفرهای دلم. (۲۰۲۱)
سنگ‌هایم به سخن می‌آیند..(۲۰۲۴)

Acknowledgments

A heartfelt thanks to my friend and teacher, Parvaneh Rodar, for your unwavering commitment to nurturing creativity. Your dedication to nurturing creativity and guiding me in self-expression has been invaluable. Your passion for education and unwavering support have deeply inspired me. I am truly grateful for your wisdom and patience.

Leila Afshari, your mentorship in Modern Arts and Sculpture has been exceptional. Your dedication to your students and the extra time you invested in my success are deeply appreciated. Thank you for being an outstanding role model.

My gratitude to Majid Mahichi, whose remarkable talents and boundless energy were vital to bringing this book to life. Your patience, management, and exceptional design work has been an instrumental part of this process. Thank you for your invaluable contribution.

My dear daughter, Parsoua Shirzad, thank you for your time and dedication in helping bring this book to fruition. By refining, shaping and coordinating the English text, you played a key role in bringing this manuscript to completion. Your guiding hand was essential and deeply appreciated.

A big thank you to Sharareh Soltani for your outstanding role in coordination of this book. Your engaging and supportive interactions with Majid Mahichi and the team enhanced our efficiency and effectiveness. Your kindness and dedication are immensely valued.

Thank you to Shadi Bozorg, the final editor of the English text, for connecting deeply to my work and skillfully enhancing the writing, facilitating a reach to a broader audience.

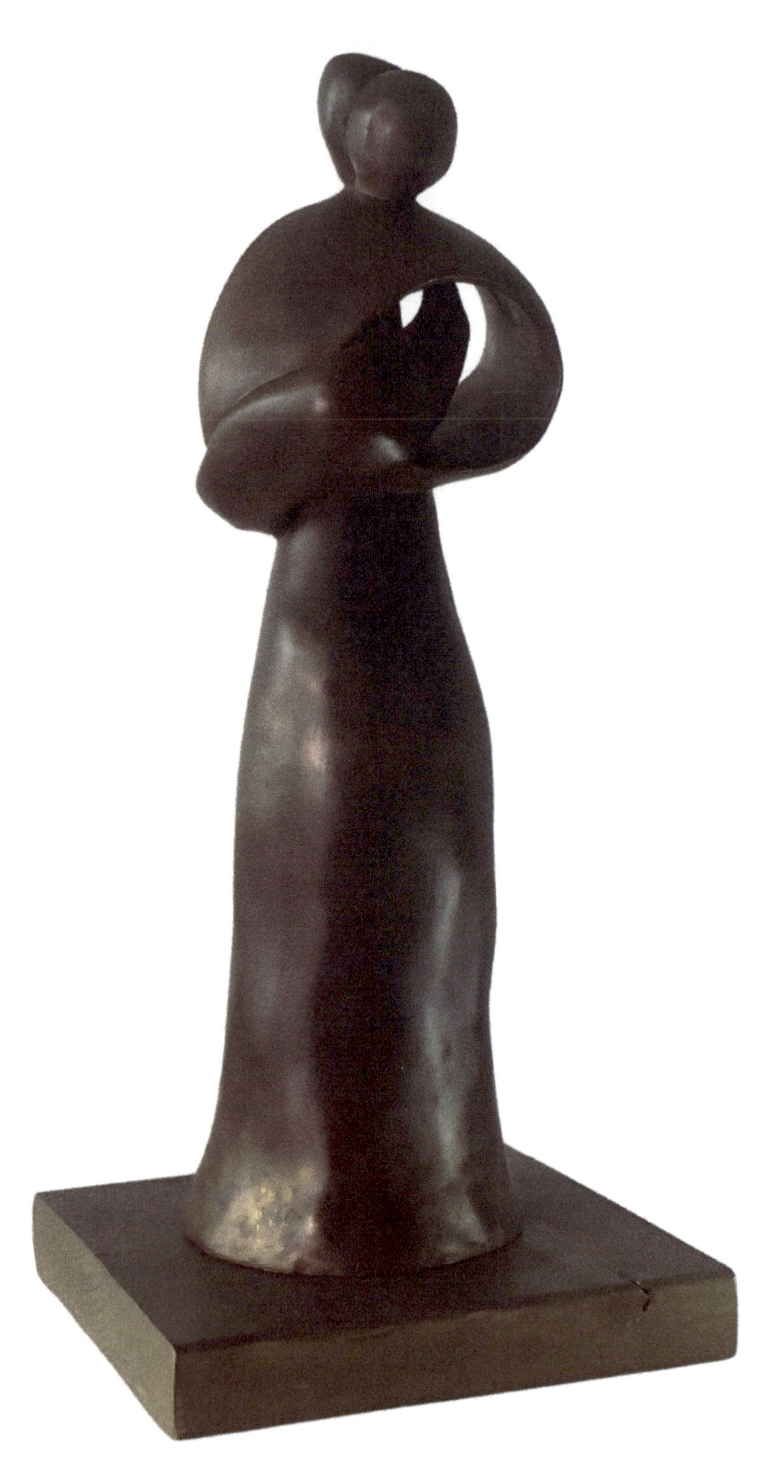